Fred Frohofer
Werner Vontobel

Eine Ökonomie der kurzen Wege

Fred Frohofer
Werner Vontobel

EINE ÖKONOMIE DER KURZEN WEGE

Rotpunktverlag

Von der Marktwirtschaft zur Bedarfswirtschaft

Diese Publikation erscheint mit finanzieller
Unterstützung der Cassinelli-Vogel-Stiftung.
Der Verlag bedankt sich dafür.

Der Rotpunktverlag wird vom Bundesamt für Kultur
mit einem Strukturbeitrag für die Jahre 2021–2024 unterstützt.

www.rotpunktverlag.ch

Druck und Bindung: Friedrich Pustet, Regensburg
ISBN 978-3-85869-915-2
1. Auflage 2021

Dieser Titel ist auch als E-Book erhältlich.

PROLOG

Die Marktwirtschaft verbessere unser Leben – das war die Meinung der Professoren, Studierenden und Wirtschaftspolitiker, als ich, Werner Vontobel, vor gut fünfzig Jahren in Basel Ökonomie studierte. Diese einhellige Einschätzung war durchaus fundiert. Jahr für Jahr lebte es sich komfortabler; man konnte sich immer mehr leisten. Erst standen in allen Zimmern Kohleöfen, dann kam die Umstellung auf Zentralheizung mit Heizöl. Man konnte sich einen Kühlschrank, einen Fernseher, ein Auto kaufen, konnte erstmals ins Ausland in die Ferien fahren und erfreute sich an der Fünftagewoche und so fort. Art und Menge der produzierten Güter beeinflussten unser Leben und machten es bequemer.

Wir glaubten an den unaufhaltsamen technologischen Fortschritt und an eine Marktwirtschaft, die für mehr Wohlstand und Freizeit für alle sorgte. Schließlich hatte der berühmte Ökonom John Maynard Keynes[1] vor einem knappen Jahrhundert prophezeit, seine Enkel müssten nur noch fünfzehn Stunden pro Woche arbeiten. Und tatsächlich, nach dem Zweiten Weltkrieg waren wir auf dem Weg dorthin. Man sprach vom Wirtschaftswunder; der Manufacturing Belt in den USA oder der Ruhrpott in Deutschland waren dessen Zentren. Doch es kam anders. Sowohl der Manufacturing Belt als auch der Ruhrpott liegen seit Jahrzehnten wirtschaftlich am Boden, wie viele andere ehemals boomende Regionen.

Aus dem Manufacturing Belt ist inzwischen der Rust Belt geworden. Die heutige Generation wäre bereits zufrieden, wenn sie das Wohlstandniveau ihrer Eltern halten könnte. Sofern die Zwanzig- bis Dreißigjährigen in Italien überhaupt einen Job haben, ist ihr Salär real rund 30 Prozent tiefer als das ihrer Eltern damals im gleichen Alter. Angestellte in den USA bekleiden oft zwei Jobs, um überleben zu können.

Heute bringt uns der technologische Fortschritt eher Arbeitslosigkeit denn Wohlstand. Unser Lebensglück hängt weniger davon ab, wie viel wir verdienen, als vielmehr davon, ob wir uns vor lauter Angst vor Entlassung die Schikanen von überforderten Vorgesetzten gefallen lassen müssen – oder ob wir in Ruhe arbeiten können. Somit beeinflusst die Wirtschaft unser Leben vor allem durch die Art und Weise, wie sie unsere Gesellschaft desorganisiert.

Wie konnte das geschehen? Was haben wir übersehen? Die herkömmliche Ökonomie gibt auf diese Fragen keine Antwort. Sie lebt immer noch in einer Welt, in der die »unsichtbare Hand des Markts«[2] alles zum Besten aller bestellen soll. Was nicht ins Bild passt, wird als »normale konjunkturelle Schwankung« auf einem stetig nach oben führenden Pfad interpretiert. Und es geht ja nach oben – wenn man bloß das BIP[3] im Auge hat. Der entscheidende Hinweis kam von einem belgischen Wirtschaftshistoriker. »Ökonomische Gesetze gelten nur so lange, bis sich die stillschweigenden und nie hinterfragten Annahmen ändern, auf denen sie beruhen«, sagte Professor Paul Bairoch in einem Gespräch mit mir.

Eines dieser bis heute nie hinterfragten »Gesetze« geht davon aus, dass sich die Arbeitszeiten mit der steigenden Produktivität verringern. Das hat bis in die achtziger Jahre einigermaßen funktioniert – aber nur, weil die Politik und die Gewerkschaften die unsichtbare Hand des Markts sanft geführt haben. Nach dem Ende der periodischen Arbeitszeitverkürzungen wurde die Erwerbsarbeit zum knappen Gut.

Neue bezahlte Arbeit wurde insbesondere durch die Kommerzialisierung von Pflege und Betreuung geschaffen, was bisher in Haushalten und Kommunen erledigt wurde – nicht gegen Geld, wie in der Marktwirtschaft, sondern in Gegenseitigkeit. Damit wurde ein weiteres unhinterfragtes Gesetz hinfällig, nämlich dass die geldlose Bedarfswirtschaft und die auf Geld beruhende Staats- und Marktwirtschaft sich nicht in die Quere kommen sollen. Bedarfswirtschaft umfasst Tätigkeiten wie das Führen eines privaten Haushalts mit Kochen und Reinigen, das Großziehen von Kindern, aber auch ehrenamtliche Tätigkeiten in Vereinen und/oder Genossenschaften.[4]

Bis zum Wiederaufbau nach dem Zweiten Weltkrieg störten sich die Bedarfswirtschaft, Markt und Staat nicht. Damals war es tragbar und durchaus sinnvoll, sich auf das optimale Funktionieren des Markts zu konzentrieren. Doch heute leben wir in einer ganz anderen Welt. Der Markt überwuchert und zerstört sowohl die Staatswirtschaft als auch die Bedarfswirtschaft.

Wie soll die auf soziale und räumliche Nähe angewiesene Bedarfswirtschaft gedeihen, wenn der Markt die Menschen zu reinen Arbeitskräften degradiert und etwa von den Müttern und Vätern totale Flexibilität und Mobilität verlangt? Die Stunden, die wir heute im Stau, auf den immer längeren Arbeitswegen oder mit der Stellensuche vertun, konnten wir früher dazu verwenden, mit den Kinder zusammen zu sein, mit Nachbarn zu plaudern oder unsere Pizza selbst zu backen.

Wie soll der Staat seine Aufgaben finanzieren, wenn ihm der Standortwettbewerb die Mittel raubt und ihn außerdem noch zwingt, die Löhne der Privatwirtschaft zu subventionieren? Wie soll die Demokratie funktionieren, wenn immer weniger Menschen längerfristig einen wirklichen Lebensmittelpunkt haben?

Die Wirtschaft umfasst nicht nur den Markt, sondern unsere gesamten Tätigkeiten, also auch die Bedarfswirtschaft und die Staatswirtschaft. Wenn man diese drei Koordinationsmechanismen vergleicht, erkennt man die entscheidende Schwäche des Markts. Die Bedarfs- und die Staatswirtschaft reagieren auf Bedürfnisse der eigenen Gemeinschaft: Eltern betreuen ihre Kinder, Nachbarn helfen sich gegenseitig, der Staat baut Schulen für seine Bürgerinnen und Bürger. Der Markt hingegen reagiert lediglich auf die von ihm selbst geschaffene monetäre Nachfrage nach Unbekanntem. So werden Geräte, Fahrzeuge, Lebensmittel und vieles mehr in der Hoffnung produziert, sie irgendwo auf der Welt verkaufen zu können.

Konzerne produzieren nicht am Ort des Bedürfnisses, sondern dort, wo die Arbeit gerade am billigsten ist. Und sie lassen Gebiete – wie den Ruhrpott oder den Rust Belt – zurück, in denen jegliche Strukturen zunichtegemacht wurden, sodass die Bewohnerinnen und Bewohner nicht mehr in der Lage sind, auf die eigenen Bedürfnisse zu reagieren.

Diese Erkenntnisse ließen mich vermuten, dass wir unsere Lebensqualität markant steigern könnten, wenn wir einen großen Teil unserer produktiven Tätigkeiten von der Markt- in die Bedarfswirtschaft verlagern. Dies würde für die allermeisten Menschen die besseren und gesünderen Arbeitsbedingungen ergeben, da sowohl Produktion als auch Konsum auf Augenhöhe erfolgen. Denn die Marktwirtschaft steht unter Konkurrenzdruck und muss möglichst billig produzieren, was sich nicht nur auf das Arbeitsklima, sondern auch auf die Produktqualität niederschlägt und zu Überproduktion führt. Diese Ineffizienz wird noch verstärkt durch die zunehmend ausufernde Bürokratie des Markts. Die Bedarfswirtschaft reagiert hingegen direkt auf unsere Bedürfnisse und erlaubt eine regionalere Ausrichtung, was wiederum die Umwelt schont.

Es bleibt die Frage, wie wir die Umstellung auf vermehrte Bedarfswirtschaft konkret bewerkstelligen können. Tatsächlich liegt uns Bedarfswirtschaft sehr nahe. Sie beginnt ganz einfach und im Kleinen, etwa indem man sich gegenseitig die Kinder hütet, die Haare schneidet, einen Mittagstisch anbietet, das Auto teilt, einen Schrebergarten pflegt und vieles mehr.

Doch wenn man solche Dienstleistungen in größerem Stil betreiben will, werden unter anderem städtebauliche Maßnahmen, Flächen und Räumlichkeiten etwa für Küchen und Produktion vonnöten sein, für Launch, Laundry und Lager; eventuell macht gar eine regionale Währung Sinn. Mein Mitautor Fred Frohofer ist auf diesem Gebiet praktisch und politisch tätig. Er gründete mit Hans E. Widmer und anderen zusammen den Verein Neustart Schweiz, recherchiert und feilt am sogenannten Nachbarschaftsmodell und entwickelt dafür Konzepte.

Auf all dieser Vorarbeit baut unser Buch auf. In den folgenden Kapiteln gehen wir vertieft darauf ein, was Wirtschaft wirklich bedeutet und welche konkreten Vorteile die bewusste Verlagerung von Tätigkeiten in die Nachbarschaft bringt. So wird unter anderem aufgezeigt, wie ein Paar mit zwei Kindern die bezahlte Arbeit pro Elternteil auf etwa eine Zwanzig-Stunden-Woche reduzieren kann. Auch die unbezahlte Arbeit nimmt merklich ab, da sie im Rahmen einer Nachbarschaft intelligenter organisiert und teilweise auf rüstige Rentner und Rentnerinnen übertragen werden kann. Zudem hat die Nachbarschaft die Funktion eines sozialen Sicherheitsnetzes, das den Sozialstaat entlastet, aber nicht ersetzen soll.

Es wird mit Annahmen operiert, die realistisch sind. Es werden Ansätze verfolgt, die sich bereits bewährt haben. Ob sich der Wandel von der Marktwirtschaft zur Bedarfswirtschaft verwirklichen lässt, ob mehr Bedarfswirtschaft unser Leben verbessern wird, hängt entscheidend davon ab, wie schnell die Ökonomen und Wirtschaftspolitikerinnen verstehen, was Wirtschaft wirklich und umfassend ist – eben längst nicht nur der Markt. Zudem dürfen die Steigerung des BIP und der Wettbewerbsfähigkeit künftig höchstens nachrangige Ziele der Wirtschafts- und Gesellschaftspolitik sein.

Stattdessen sollte sich die Politik mit der Frage befassen, welche Bedürfnisse wir mit welchen der drei grundlegenden Koordinationsmechanismen – Bedarfswirtschaft, Staat und Markt – am besten befriedigen können. Unser Buch will diese Frage nicht definitiv beantworten. Aber es ist höchste Zeit, dass sie gestellt wird.

1

HINTERGRUND UND GESCHICHTE

Umweltbelastung, soziale Ungleichheit, Arbeitslosigkeit und Massenmigration bilden die großen Problemkreise unserer Zeit. Sie haben eine gemeinsame Ursache – die zu langen Wertschöpfungsketten der globalen Marktwirtschaft. Allein die Waren- und Personentransporte erzeugen über 50 Prozent der gesamten Klimabelastung. Durch die Transportmöglichkeiten kann die Industrieproduktion zunehmend kleinteiliger und auf Effizienz getrimmt werden, etwa mit Automation und Spezialisierung. Doch dies fördert die Bildung von Monopolen. Und das wiederum führt zu Konzentration von Einkommen. Zudem erzeugen globale Märkte einen ungesunden Wettbewerb der Standorte; das führt zu Lohndumping, Arbeitsplatzverlust – und damit letztlich zu Migration: Die Arbeitskräfte müssen sich dahin bewegen, wo ein Auskommen möglich ist.

Eine Ökonomie der kurzen Wege ist in unseren Augen der einzig wirksame und bitter nötige Lösungsansatz, der diese Probleme meistern kann. Kurze Wege bedeuten, dass Produktion und Konsum räumlich nahe beieinander liegen. Das ist wesentlich ökologischer, erzeugt ungeahntes soziales Kapital (mehr dazu später) und rechnet sich unter dem Strich auch ökonomisch: Am Ende ist genau das der Systemwandel, den die Umweltaktivistinnen und -aktivisten unter dem Stichwort »system change« fordern.

Sowohl die aktuelle Wirtschaftspolitik als auch die herkömmliche Ökonomik setzen Markt und Wirtschaft gleich. Beide beziehen sich auf Adam Smith[1], den Gründervater der modernen Ökonomie. Damals, im 18. Jahrhundert, mag diese Simplifizierung noch haltbar gewesen sein. Heute gefährdet sie das Überleben der Menschheit. Es ist notwendig, Markt und Wirtschaft zu unterscheiden. Mit »Markt« oder »Märkte« sind nicht Wochenmärkte mit Gemüse und Früchten gemeint, sondern die Marktwirtschaft, die das Vehikel zur Monetarisierung unseres Daseins bildet. Marktwirtschaft kann in unterschiedlichen Bereichen erfolgen: etwa innerhalb der Rohstoffmärkte, Immobilienmärkte, Finanzmärkte und so fort. Wirtschaft ist hingegen ein Überbegriff. Sie umfasst jegliche Arbeit, passiert überall dort, wo Arbeit geleistet wird; dazu gehört der Abwasch zu Hause genauso wie die Müllabfuhr, aber auch die Lohnarbeit im Büro oder im Homeoffice. Sie teilt sich in drei Sphären auf: Bedarfswirtschaft, Staatswirtschaft und Marktwirtschaft. Doch im heutigen Sprachgebrauch versteht man unter Wirtschaft meist nur die letzten beiden.

Unser Wohlstand und das langfristige Überleben der Menschheit in einer intakten Umwelt hängen entscheidend davon ab, wie wir unsere produktiven Tätigkeiten den drei Bereichen zuordnen.

Bisher haben wir die Lösung dieser Optimierungsaufgabe den Kräften der Märkte überlassen – mit der Folge, dass diese alles überwuchern und möglichst viel Gewinn einzuheimsen versuchen. Wie wir noch im Detail erörtern werden, sind Marktlösungen nun aber in vielen Bereichen ineffizient und mit viel zu hohen sozialen und ökologischen Kosten verbunden. Anders formuliert: Nicht die Markttauglichkeit kann unser Kriterium sein, entscheidend ist vielmehr die Evolutionstauglichkeit. Und das ist – wie wir zeigen werden – durchaus wünschenswert.

Wenn wir also eine Ökonomie der kurzen Wege installieren wollen, müssen wir vorab die lange verdrängte Frage nach der richtigen Dosierung von Markt innerhalb der Wirtschaft stellen: Wie viel Markt erträgt die Welt? Wie viel Markt braucht die Menschheit?

Die Evolution hat uns mit Sinnesorganen ausgestattet, mit denen wir unsere Bedürfnisse erkennen können. Und wir haben den Intellekt ausgebildet, um unsere Handlungen zu steuern und sozial zu koordinieren. In der Bedarfswirtschaft reagieren wir direkt auf unsere eigenen Bedürfnisse oder diejenigen unserer Familie und der Menschen um uns herum. Die Evolution hat es so eingerichtet, dass auch die Arbeit selbst ein Bedürfnis ist – dies wegen der sozialen Kontakte, der intellektuellen und psychischen Befriedigung, wenn man einen Beitrag innerhalb der Gesellschaft leisten und etwas lernen kann. Deshalb wird die Arbeit in der Bedarfswirtschaft meistens so organisiert, dass sie Spaß macht und Kompetenzen erweitert.

Im Marktmodus reagieren wir nicht auf unsere eigenen Bedürfnisse oder die unserer Gemeinschaft, sondern auf die monetäre Nachfrage von Unbekannten, von Kunden und Käufern, zu denen wir keine persönliche Beziehung haben. Darin liegt auch der Vorteil das Markts: Da er rationelle Massenproduktion ermöglicht, kann das im Idealfall dazu führen, dass die Bedürfnisse aller günstiger befriedigt werden. Doch dieser Idealfall ist schwer zu erreichen, denn der Markt reagiert nur auf selbst gemachte Signale. So wird er leicht zum Selbst- und Irrläufer, etwa indem er eine künstliche Nachfrage schafft. Meist geht dies mit einem immensen Werbeaufwand einher, etwa um uns neue Modetrends zu verkaufen oder uns Gadgets unterzujubeln. Das erkennt man gut, wenn man sich beispielsweise zu Hause umsieht. Wie viele Dinge sind um einen herum, die nicht gebraucht werden? Was alles wurde aus einer Laune heraus gekauft oder geschenkt? Oder angeschafft, weil die anderen auch so etwas haben? Das heißt in jedem einzelnen Fall, wir sind dem Markt auf den Leim gekrochen, als er künstliche Nachfrage schuf.

Die Produkte einer künstlich geschaffenen Nachfrage können sich allerdings nur Menschen leisten, die genug verdienen. So gesehen, müsste der Markt darum besorgt sein, dass möglichst alle Marktteilnehmerinnen und Marktteilnehmer über ein genügend großes Einkommen verfügen. Doch weit gefehlt: Die Einkommensunterschiede auf dem Arbeitsmarkt sind gigantisch und zeigen, wie sehr die Marktökonomie außerhalb der Realität agiert. Die ärmere Hälfte der Bevölkerung verfügt über weniger als 20 Prozent der Kaufkraft. Viele Menschen wie Alleinerziehende, Alte und Kranke sind vom Arbeitsmarkt ausgeschlossen, können sich also keine Kaufkraft erwerben; oft überleben sie nur aufgrund ihrer sozialen Zugehörigkeit.

Wir müssen uns der Grenzen der Marktwirtschaft bewusst werden. Diese Wirtschaftsform erfüllt nur einen Bruchteil unserer Bedürfnisse. Außerdem tut sie das auf eine sehr aufwendige Weise. Ein immer größerer Teil der Arbeitszeit und der Arbeitskapazität wird von der zunehmenden Komplexität dieses Prozesses beansprucht – man denke nur an die Werbeindustrie, befasst damit, neue Bedürfnisse zu suggerieren.

Die heute übliche, globale Produktion wird immer komplizierter. Jeder Arbeitsschritt wird dort ausgeführt, wo er am billigsten zu haben ist. So legt etwa eine Jeans durchaus 50 000 Kilometer oder mehr zurück, bis sie getragen wird. Die Baumwolle wird nicht dort zu Garn versponnen, wo sie angebaut wird; das Garn wird wieder in einem anderen Land zu Stoff verwebt, der Stoff wiederum an einem vierten Ort zugeschnitten und so fort.[2] Das ist ein lukratives Geschäft für die Transportunternehmen, denn sie werden nach wie vor für die Treibhausgasemissionen, die sie verursachen, nicht belangt, und die Benutzung der Straßen, der Ozeane und der Luft kostet sie ebenfalls nichts. Würde das alles in Rechnung gestellt, wäre die Rentabilität nicht gegeben; eine weitverzweigte Produktionsweise würde sich nicht mehr lohnen.

Bei jedem Arbeitsschritt dieser globalen Produktionsweise werden die Kosten möglichst tief gehalten, immer, um den Gewinn zu steigern. Bei besagter Jeans ist die Kostenverteilung auf der Rechnung interessant. Der Detailhandel sackt die Hälfte des Kaufpreises ein, ein Viertel wird in die Werbung gesteckt, die Materialkosten machen 13 Prozent des Kaufpreises aus, die Transporte 11 Prozent. Wer nicht profitiert, sind die Arbeiterinnen und Arbeiter, die die Jeans produziert haben; ihr Lohn wird von dem einen restlichen Prozent berappt.[3]

Globales Produzieren drückt die Preise in der eigentlichen Produktion und schafft einen riesigen Aufwand in der Administration. Von der Erarbeitung von Kennzahlen über die Marketingkonzepte bis hin zum Controlling sind viele hochtrabend klingende Jobbeschreibungen entstanden, Arbeit eigentlich gar nicht notwendig ist; der Anthropologe David Graeber bezeichnet sie als »Bullshit-Jobs«[4].

Marktökonomen erkennen die Kosten für diesen ganzen Aufwand nicht, da sie einerseits das komplexe Verwaltungsgeflecht nicht wahrnehmen, andererseits kommen sie nicht auf die Idee, die vielen sinnlosen Managerposten zu hinterfragen. Beides ist aus marktökonomischer Sicht nicht relevant. Da auch sinnlose Aufwendungen zum Bruttoinlandsprodukt (BIP) gezählt werden, haben sie in der Perspektive von Marktökonomen ihren »Leistungsausweis«.

Nicht nur bei den Ökonominnen und Ökonomen, sondern auch in den Medienhäusern und Wirtschaftsämtern lautet der Tenor unisono: Steigt das BIP, ist alles gut. Doch das BIP repräsentiert weder Bedürfnisbefriedigung noch Zufriedenheit – und schon gar nicht den Zustand unserer Umwelt. Das BIP ignoriert die wahren Probleme und stellt angesichts dieser lediglich eine Zahl dar, deren Aussagekraft gegen null tendiert.

Auf Zahlen fußt sowohl die Marktökonomik als auch die Wirtschaftspolitik. Umweltschäden, Unzufriedenheit, Gewalt, Hunger und Elend lassen sich in diesen Zahlen nicht ausdrücken. Wenn sie relevante Werte anstelle der reinen Umsätze bezeichneten, hätten wir wohl eine Weltgesellschaft auf Augenhöhe, die sich fair verhalten könnte und für alle Lebewesen lebenswert wäre.

Doch solange wir die Märkte und den Glauben ans BIP aufrechterhalten, wird die Ausbeutung von Mensch und Natur weitergehen – da ja die Kassen der Marktmächtigen gefüllt werden. Wie lange noch? Wann werden die Marktmächte einsehen, dass sie viel zu kurzfristig und einseitig denken? Wann werden sie erkennen, dass die Marktwirtschaft in Bezug auf die Umwelt- und Umverteilungsprobleme völlig versagt hat – und auch künftig keine brauchbaren Antworten finden wird?

Weshalb lassen wir das zu? Warum legen wir dennoch Wert auf ein steigendes BIP? Ein Grund liegt darin, dass der Markt seinen Erfolg beziehungsweise seine Macht auch der Tatsache verdankt, dass man Angestellten mit Entlassung drohen kann. Arbeitslosigkeit bedeutet nicht nur den Verlust einer Stelle, sondern auch den der gesellschaftlichen Stellung; wer arbeitslos wird, hat nicht genügt und ist in Gefahr, aus dem sozialen Zusammenhang zu fallen. Diese Drohung treibt Menschen zu Höchstleistungen an. Die Evolution hat uns mit einem starken Bedürfnis nach Zugehörigkeit und sozialer Integration ausgerüstet. Ein großer Teil der persönlichen Identifikation und des praktizierten Soziallebens hängt mit der Arbeitsstelle zusammen. Hier vermischen sich unsere Bedürfnisse nach sozialer Anerkennung mit den Bedingungen des Markts. Das ist zwar von großer Bedeutung, hat aber keine Relevanz für die Zahlen.

Die bezahlte Arbeit wird inzwischen von der Politik als einzige Möglichkeit zur sozialen Integration und zur Vermeidung von sozialen Unruhen gesehen. Auch deshalb wurde die Arbeitslosigkeitsziffer zu ihrem zentralen Maßstab. Firmen werden angelockt, weil sie Arbeit schaffen und damit sozialen Anschluss ermöglichen. Was und wie produziert wird, ist Nebensache.

Den Markt müssen wir nicht abschaffen. Aber wir dürfen ihn nicht mehr als alternativlos betrachten. Viele unserer produktiven Tätigkeiten, wie Betreuung, Bildung, Haushaltung oder Lebensmittelproduktion, sollten wir von den Marktzwängen befreien, indem wir sie über die Bedarfswirtschaft ermöglichen – Bedarfswirtschaft ist das Hauptthema dieses Buches. Ob sich für eine Tätigkeit die Markt- oder die Bedarfswirtschaft besser eignet, erkennen wir, wenn wir unsere historischen Erfahrungen zu Rate ziehen und wenn wir die Fiktion des Homo oeconomicus über Bord werfen und zur Kenntnis nehmen, was uns Soziologinnen, Verhaltensforscher und Neurologinnen über das Wesen der Menschen zu sagen haben.

Wohl erscheint die Bedarfswirtschaft hinsichtlich der eigentlichen Produktion relativ zeitaufwendig, doch sie erspart gleichzeitig etliche Umwege. Und wir haben viel Erfahrung damit, denn die ersten 99 Prozent aller Menschengenerationen kannten nur die geldlose, kollektive Bedarfswirtschaft. Sie spielte sich innerhalb von Familien, Sippen oder in Nachbarschaften von 300 bis 600 Mitgliedern ab.[5] Man wurde in eine Produktions-, Konsum- und Risikogemeinschaft hineingeboren; zu einem großen Teil als Bäuerin oder Bauer. Die Gemeinschaften versorgten sich selbst mit Lebensmitteln.

Innerhalb der Bedarfswirtschaft schwindet der Unterschied zwischen der Produktions- und der Konsumgemeinschaft. Niemand wird ausgeschlossen, weder von den produktiven Tätigkeiten noch bei der Ertragsteilung. Es gibt auch kaum einen Unterschied zwischen der Organisation der Wirtschaft und derjenigen der Gesellschaft, da die Bedürfnisse innerhalb der Gruppe durch die Gruppe selbst befriedigt werden.

Es stellt sich die Frage, weshalb sich die Marktwirtschaft so weiträumig durchsetzen konnte. Warum blieben wir nicht bei der Bedarfswirtschaft?

Angefangen hat es vor gut 10000 Jahren mit dem Übergang zur sesshaften Agrar- und Viehwirtschaft. Damit wurde Land zum Besitz, man konnte erstmals im großen Stil Vorräte und Besitztümer anhäufen und sie auch vererben. Dadurch haben sich die Regeln des sozialen Zusammenlebens in kürzester Zeit komplett verändert. Es setzte ein sehr schmerzhafter Lernprozess ein, der bis heute noch nicht abgeschlossen ist.

Beim Lernprozess, in dem wir uns seit 10000 Jahren befinden, geht es aktuell um die Frage, wie wir unsere eigentlichen Bedürfnisse befriedigen können, ohne die Marktwirtschaft und deren Regelwerk über Bord zu werfen.

Die Geschichte der Marktwirtschaft beginnt vor etwa 8000 Jahren mit der Erfindung des Warengeldes, also etwa Pfeffer, Salz oder Tiere. Das waren weniger Zahlungsmittel als vielmehr Recheneinheiten. Damit etablierten sich die ersten Spezialisierungen. Man stellte nicht mehr nur her, was man brauchte, sondern auch das, was man am besten konnte. So wurde nicht mehr nur auf die eigenen Bedürfnisse reagiert, sondern auf die der andern; Produktions- und Konsumgemeinschaften waren mit der Zeit nicht mehr zwingend identisch. Diese Wirtschaftsform blieb vorerst kleinräumig; die Marktwirtschaft war noch eine Marginalie.

Vor etwa 2600 Jahren wurde eine neue Grundlage für Wirtschaft geschaffen. Das gemünzte Geld wurde erfunden. Staaten führten es ein, um Söldner anheuern und bezahlen zu können. So konnten etwa die Römer Ländereien im großen Stil erobern, was ohne gemünztes Geld kaum möglich gewesen wäre.

Mit der Ausgabe von Münzen waren optimale Bedingungen für eine Staatswirtschaft gegeben. Neben den Militär- und Sicherheitsausgaben konnten Infrastrukturaufgaben bewältigt werden. Man kann die Staatswirtschaft als erweiterte, gegen Geld vermittelte Bedarfswirtschaft bezeichnen. Die Gemeinschaft oder Gesellschaft reagiert auf die eigenen Bedürfnisse.

Weil Münzen vergleichbar, handlich, haltbar und transportierbar sind, eignen sie sich für den Handel. Anfänglich wurden Textilien und Kosmetika gehandelt, bald kamen Gewürze hinzu. Überregionale Märkte bildeten sich aus, wie zum Beispiel entlang der Seidenstraße; davon zeugt heute noch die Pracht etwa der Oasenstädte Merw und Samarkand. Die Karawanen legten meist lediglich Teilstrecken und nicht den ganzen Weg von China nach Europa zurück; so wurde entlang der Seidenstraße gehandelt, und so verbesserte sich die Versorgung der Menschen nicht nur in den Ursprungs- und Zielländern, sondern auch entlang der Karawanenwege selbst. Allerdings gelangte im 14. Jahrhundert auch die Pest über diese Verbindung nach Europa.

Seit dem Mittelalter änderten sich die Kräfteverhältnisse. Dem Geld kam immer mehr Bedeutung zu. Um höhere Erträge zu sichern, wurden Wiesen und Felder eingegrenzt. Kleinbauernbetriebe hatten kaum noch Zugang zu Land und konnten ihre Bedarfswirtschaft nicht mehr aufrechterhalten. Das Verlagssystem wurde ab dem Spätmittelalter stattdessen zur ökonomischen Realität: Spinnräder und Webstühle oder Werkzeuge für das Metallhandwerk wurden von Verlegern unzähligen Kleinbauernhöfen zur Verfügung gestellt, ebenso die Rohwaren wie Wolle, Flachs, Garne, Textilien oder Eisenwerkstücke. Auf den Höfen entstanden aus dem jeweiligen Rohmaterial in Weiterverarbeitung Produkte, die der Verleger dann wieder gegen Bezahlung abnahm. Der Verleger verkaufte entweder die Produkte weiter oder konfektionierte sie gleich selbst und trieb Handel.

Mit zunehmender Industrialisierung wurde diese erste arbeitsteilige, serielle Produktion mehr und mehr zusammengezogen und fand nun in eigens dafür vorgesehenen Gebäuden statt: Die ersten Fabriken entstanden. Das machte Arbeit, genau wie zuvor den Grund und Boden, zu einem handelbaren Gut.

Doch damit wurden immer mehr Gemeinden und Sippen auseinandergerissen, weil es nur noch ein Auskommen in den meist entlegenen Fabriken gab. So spielte die Bedarfsökonomie nicht mehr, Fabrikarbeiterinnen und -arbeiter waren auf sich alleine gestellt und konnten sich nur noch am Markt versorgen. An die Stelle der Selbstversorgung aus dem eigenen Garten trat der Lebensmittelladen; die Gärten konnten immer weniger bewirtschaftet werden, denn die Arbeitstage in der Fabrik waren zu lang. Von dieser Entwicklung profitierten vor allem diejenigen, die über monetäre Potenz verfügten; für sie war es eine Erfolgsgeschichte. Das ist der Grund, warum die Marktwirtschaft auf immer mehr wirtschaftliches Tun angewendet wurde und weiterhin wird.

Nicht nur zwischen der Bedarfs- und der Marktwirtschaft, sondern auch zwischen der Markt- und der Staatswirtschaft sind die Grenzen fließend. Ende des 19. Jahrhunderts gehörten die Bahnen der Schweiz fünf großen Gesellschaften im privatrechtlichen Besitz. Legitimiert wurden sie durch das Eisenbahngesetz von 1852, das den Betrieb von Eisenbahnen explizit in die Hand von Privaten oder der Kantone legte. Doch der Konkurrenzkampf der privaten Bahnen war zerstörerisch: Damals wurden praktisch parallel verlaufende Eisenbahnstrecken gebaut, die nicht notwendig waren. Das rücksichtslose Macht- und Profitdenken der privaten Gesellschaften provozierte mit der Zeit öffentliche Kritik. Schließlich kam es zu einer Volksabstimmung. Am 20. Februar 1898 wurde die Verstaatlichung der fünf Bahngesellschaften ermöglicht. So entstanden 1902 die Schweizerischen Bundesbahnen SBB.

In Deutschland ist die Bahn seit rund einem Vierteljahrhundert privatisiert und steht seither unter Dauerkritik, denn die Dienstleistungsqualität sinkt stetig, der Unterhalt der Infrastruktur lässt zu wünschen übrig, Verspätungen sind an der Tagesordnung, und dringend benötigte Ausbauten lassen auf sich warten.

Die gesamte Infrastruktur wie Schienen, Straßen, Stadien und Sicherheit sind Staatsaufgaben und gehören nicht in private Hände. Das zeigt uns die Geschichte.

Auch der Gesundheits- und Betreuungsbereich sollte nicht marktwirtschaftlich organisiert sein. Wie schnell unser profitorientiertes Gesundheitssystem an seine Grenzen stößt, zeigt uns die Corona-Pandemie. Obschon Pandemiepläne bestanden, waren zu Beginn nicht einmal genügend Schutzkleidung und -masken greifbar; der Staat musste einspringen und das Material auf Kosten der Steuerzahlenden beschaffen. Das weitgehend privatisierte Gesundheitswesen der westlichen Welt war komplett unvorbereitet und überfordert, obgleich schon immer mit Pandemien zu rechnen war.

Zudem wurde in den letzten rund fünfzig Jahren die geldlose gegenseitige Unterstützung innerhalb von

Familien und Nachbarschaften systematisch durch marktwirtschaftlich organisierte Institutionen ersetzt: Marktgerechte, teure Dienstleistungen wie etwa Tageshorte oder Pflegedienste wurden stattdessen etabliert. Sogar die private Altenbetreuung wird heute über Agenturen geregelt. Für wenig Geld werden Frauen aus osteuropäischen Ländern angeheuert, die etwa mit einem Touristenvisum jeweils drei Monate lang sieben Tage am Stück in privaten Haushalten eine Arbeit mit 24-Stunden-Präsenz verrichten.

Ebenfalls in den letzten fünfzig Jahren gewann das Finanzwesen einen immensen Einfluss. Alles Werthaltige wurde dem Finanzmarkt unterworfen, Boden, Immobilien, geleaste Autos, Werkzeuge und so fort. Anleihen bringen die Staaten zudem ins Manipulierfeld privater Gesellschaften. Und die Wirtschaftspolitik wird durch internationale Verträge immer stärker eingeschränkt. Diese Entwicklung wurde durch intensiven Lobbyismus ermöglicht.

Märkte werden meist mit Fremdkapital finanziert. Für Fremdkapital müssen Zinsen bezahlt werden. Deren Höhe bemisst sich an den Risiken, das Kapital in den Sand zu setzen. Das heißt, die Marktwirtschaft ist einem steten Wachstumszwang unterworfen, um die Zinsen bezahlen zu können. Da die Marktwirtschaft den ganzen Globus eingenommen hat, ist Wachstum nur noch möglich, indem Ressourcen ausgebeutet werden. Die notwendige Energie liefert nach wie vor das Erdöl, die notwendigen Flächen die Ur- und Regenwälder, die unbeirrt von den Katastrophenmeldungen über die ökologischen Konsequenzen gerodet werden. Beides heizt das Klima auf und zerstört in Kettenreaktion die Umwelt zusehends. Um Klima und Natur zu retten und um unsere Bedürfnisse auch künftig befriedigen zu können, muss das Marktwesen eingedämmt und gebändigt, muss der ökonomische Blick auf die Bedarfswirtschaft gestärkt werden. Die Zusammenhänge und Reibungsflächen zwischen den drei Sphären, also der Markt-, der Staats- und der Bedarfswirtschaft, müssen in die Modelle der Ökonomen aufgenommen werden.

Insbesondere Bedürfnisse wie Wohnen, Ernährung, Pflege, Bildung, Erziehung und Unterhaltung eignen sich zur Verlagerung aus der Marktwirtschaft in die Bedarfswirtschaft. Das verspricht unmittelbar eine Verbesserung der Lebensqualität – darauf kommen wir noch.

Eine Verlagerung unserer Bedürfnisse in die Bedarfswirtschaft kann uns gelingen, indem die Menschen räumlich und sozial wieder näher zusammenkommen, und zwar am besten wie gehabt in Gruppen von 300 bis 600 Personen. Gleichzeitig sollten wir die Märkte wieder vermehrt auf die lokale Nachfrage ausrichten. Wie wichtig das ist, haben wir in der Corona-Krise deutlich zu spüren bekommen. Die Produktion lebenswichtiger Dinge sollte im eigenen Wirtschaftsraum erfolgen. Das macht den Staat eigenständiger und widerstandsfähiger.

2

ÖKONOMIE IST MEHR ALS NUR MARKT-WIRTSCHAFT

Zu den großen wirtschaftspolitischen Problemen Arbeitslosigkeit, Ungleichheit, Migration und Umweltbelastung kommen zwei weitere Probleme, die zumindest am Rande ebenfalls mit Wirtschaftspolitik zu tun haben: die stetig steigenden Gesundheitskosten und der Raubbau an unseren natürlichen Ressourcen. Keines der vier zuerst genannten und schon gar nicht die beiden anderen Probleme lassen sich mit dem Instrumentenkasten der herkömmlichen Ökonomie überhaupt analysieren, geschweige denn lösen.

Alle herkömmlichen Lösungsansätze laufen darauf hinaus, die Gesellschaft marktkonform zu organisieren, also die Gesellschaft an die Bedingungen der Marktwirtschaft anzupassen. Das bedeutet zum Beispiel, was die Arbeitslosigkeit betrifft, den Arbeitsmarkt zu flexibilisieren. Von den Menschen wird verlangt, dass sie mobiler sein sollen. Um ihnen dies zu ermöglichen, werden auf Kosten der Allgemeinheit die Verkehrswege ausgebaut, und der öffentliche Verkehr wird subventioniert. Die Menschen passen sich all dem an. Mit der Zeit wird diese Flexibilität als positiver Wert angesehen, unabhängig von den Kosten, den sozialen Beeinträchtigungen durch Vereinsamung, dem Zeitaufwand fürs Pendeln und der damit einhergehenden Umweltbelastung. Mit der Zeit wird es zu einem Privileg, da zu leben, wo man leben möchte. Dahinter steckt ein Gedankenmodell, das vorgaukelt, dass es in einem vollkommenen Markt keine Arbeitslosigkeit gibt und sich der technologische Fortschritt ungehindert ausbreitet. In diesem Modell habe der Mensch als Arbeitskraft und als nutzenmaximierender Konsument die Aufgabe, die Maschinerie der Wirtschaft in Gang zu halten. Das geschehe von alleine, da der Mensch vom Eigennutz angetrieben werde; in diesem Modell wird er zum Automaten.

Doch echte Menschen sind nicht so einfach zu berechnen. Um zu gedeihen, brauchen sie keine marktkonforme, sondern eine artgerechte Gesellschaft. Zu seinem Glück braucht der Mensch mehr als die Befriedigung seines Eigennutzes und etwa Shopping. Dass wir weit davon entfernt sind, unser Wohl zu verbessern, sondern häufig genug dabei, es zu verschlechtern, zeigen die Zahlen der Arbeitslosigkeit, die immer dramatischer klaffende Ungleichheit, zunehmende Depressionen, grassierende Übergewichtigkeit, sinkende Geburtenziffern und vieles mehr.

Inzwischen wissen wir dank der Evolutionsforschung, der Neurologie, der experimentellen Ökonomie und der Wirtschaftsgeschichte ziemlich genau, was den Menschen und sein Wohl ausmacht, unter welchen Bedingungen es uns gut geht. Auf Grundlage dieser Erkenntnisse ist eines der Anliegen dieses Buchs, die Grenzen der heutigen Marktwirtschaft zu beleuchten, sie nicht mit Wirtschaft allgemein gleichzusetzen, sondern ihr einen angemessenen Teil der gesamten Wirtschaft zuzuweisen. Wir müssen sie als eine Unterabteilung einer evolutionären Ökonomie verstehen. Ökonomie muss schon bei den Bedürfnissen der Menschen ansetzen, nicht erst bei der (monetären) Nachfrage. Die Ökonomielehre hat zu erkennen und in ihre Analysen aufzunehmen, dass der Marktmechanismus nur eine von vielen Möglichkeiten ist, produktive Tätigkeiten zu interpretieren und zu koordinieren.

Das Bedürfnis ist der Anfang der Ökonomie, das, wo sie ansetzt. Die heute herrschende volkswirtschaftliche Lehre versteht Bedürfnisse sehr eng: Der Homo oeconomicus optimiere zunächst Konsum und Freizeit. Aus dem Stundenlohn und der Arbeitszeit ergibt sich das monetäre Einkommen, und dieses werde dann wiederum nutzenoptimierend verkonsumiert. Dieses einfache Modell ist allerdings nur für einige wenige Fragestellungen nützlich.

Doch die Bedürfnisse, die gegen Geld befriedigt werden können, sind nur ein kleiner Ausschnitt aus einer weiten Palette. In seinem Buch *Das passende Leben*[1] unterscheidet der 2020 verstorbene Kinderarzt und Fachbuchautor Remo H. Largo in Anlehnung an die Maslow'sche Bedürfnispyramide[2] sechs Grundbedürfnisse: »Wir haben neben der Befriedigung der körperlichen Bedürfnisse nach Nahrung und Wärme ein großes Verlangen nach Geborgenheit sowie nach sozialer Anerkennung und einer festen sozialen Ordnung in der Familie und im Freundeskreis. Zwei weitere Bedürfnisse bestehen darin, dass wir unsere Begabungen entfalten und die Leistung erbringen wollen, die unserer Begabung entspricht. Ein letztes Grundbedürfnis, das uns besonders antreibt, ist dasjenige nach existenzieller

Sicherheit. Arbeitslosigkeit, finanzielle Sorgen sowie der Verlust von Hab und Gut können unser Wohlbefinden extrem beeinträchtigen. Um diese Gefahren von uns fernzuhalten, wenden wir all unsere Zeit und Kraft auf.«

Maslow unterscheidet in der Bedürfnishierarchie von existenziellen Grundbedürfnissen über die Bedürfnisse nach Sicherheit, sozialer Anbindung und Wertschätzung bis hin zum Bedürfnis nach Selbstverwirklichung. Er zeigt mit der Pyramidenform auf, wie viel Zeit das Individuum prozentual dafür ungefähr aufwendet. Aber auch bei den sechs Grundbedürfnissen von Largo gilt: Alle Aufwendungen zur Befriedigung unserer Bedürfnisse sind im weitesten Sinn Arbeit. Wir verspüren Bedürfnisse und werden tätig. Der Hunger meldet sich, wir jagen oder sammeln. Da wir Herdentiere sind, die nur als Gruppe überleben können, müssen wir unsere produktiven Tätigkeiten koordinieren.

Im Verlaufe der Evolution haben sich – wie bereits erwähnt – drei unterschiedliche Formen des ökonomischen Zusammenspiels entwickelt.

Die geldlose Bedarfsökonomie innerhalb der Nachbarschaft und der Familie umfasst die Arbeit im Haushalt genauso wie das gemütliche Beisammensein, das frühmorgendliche Joggen wie auch etwa das Singen im Chor und die Anbahnung von Liebesbeziehungen. Alle diese Tätigkeiten dienen der Befriedigung wichtiger Bedürfnisse und belasten unser Zeitbudget.

Ebenfalls unabdingbar, aber mit wesentlich weniger Zeitbudget ist die Staatswirtschaft beziehungsweise die

Bedarfsökonomie mit Geld innerhalb politisch organisierter Gemeinschaften. Hier geht es um die Befriedigung kollektiver Bedürfnisse wie etwa nach Verkehrswegen, innerer Sicherheit, öffentlicher Verwaltung, Rechts- und Sozialwesen, aber auch um die kollektive Finanzierung von eigentlich persönlichen Bedürfnissen wie Bildung oder Gesundheit.

Der dritte im Bunde ist die reine Marktwirtschaft. Sie dient der Produktion und dem Austausch von Gütern und Dienstleistungen, die sich Privathaushalte und Firmen leisten können: Lebensmittel, Kleider, Elektronik, Autos, Maschinen, Fitnesscenter usw. Nicht zur reinen Marktwirtschaft gehören zum Beispiel die obligatorischen Schulen. Zwar werden die entsprechenden Leistungen der Lehrerinnen und Lehrer mit Geld bezahlt, aber kollektiv finanziert – und somit nicht über den Marktmechanismus zugeteilt. Insgesamt ist der »Marktanteil« des reinen Markts an der Gesamtwirtschaft erstaunlich klein. Mehr davon später.

Im allgemeinen Sprachgebrauch werden die Staatswirtschaft und die reine Marktwirtschaft – also alles, was gegen Geld getauscht wird – zusammengefasst als Marktwirtschaft bezeichnet.

In der Perspektive der evolutionären Ökonomie stellt sich die Frage, welche Organisationsform zur Befriedigung welcher Bedürfnisse am besten geeignet ist. Um dies zu ermitteln, sind Kriterien vonnöten. Als Hauptkriterium reichen weder das Bruttoinlandsprodukt (BIP) noch dessen Wachstumsrate, denn damit blenden wir einen erheblichen Teil unserer Bedürfnisse aus. Als grundsätzliches Kriterium bietet sich die evolutionäre Fitness an, also alles, was dem Überleben der Menschheit dient. Das klingt abstrakt, aber wie wir aufzeigen werden, ist dieser Parameter letztlich viel genauer messbar als das BIP.

Wenn wir an den Markt den Maßstab der evolutionären Fitness anlegen, entpuppt er sich als ein Koordinierungsinstrument, das sehr teuer sein kann. Das liegt in erster Linie daran, dass Nachfrage und Bedürfnisse zwei sehr unterschiedliche Dinge sein können. Der Markt definiert die Kosten anders als die Evolution. Und nur aus der Perspektive der Evolution kann man erkennen, wie hoch die Kosten sind, die durch den Markt selbst verursacht werden.

Diese Schrift will den Blick auf die Marktwirtschaft aus dieser Perspektive öffnen und Verständnis für die Zusammenhänge der gesamten Wirtschaft wecken.

3

ELEMENTE EINER ZEITGEMÄSSEN WIRTSCHAFTS-THEORIE

Eine zeitgemäße Ökonomik braucht mithin ein erweitertes Modell, das alles abbildet, was für die Erbringung von produktiven Leistungen und für die Befriedigung von Bedürfnissen relevant ist. Doch bevor wir das Wirtschaftsmodell erneuern, müssen wir erst einmal den Begriffsapparat ergänzen und weitere Begriffe neben Nachfrage, Angebot, Nutzenmaximierung und Standortwettbewerb einführen. Wie könnten die Elemente einer zeitgemäßen Ökonomik aussehen, und wie könnten sie den Grundwortschatz der Lehre erweitern? Dazu wollen wir in diesem Kapitel Vorschläge machen.

Der gemeinsame Nenner von Bedarfs-, Markt- und Staatsökonomie ist die Zeit. Und die Budgetrestriktion sind die 24 Stunden jeden Tages. Zeit wird auch für die restaurativen Tätigkeiten wie Schlafen, Essen, Körperpflege beansprucht. Diese Tätigkeiten und damit das von ihnen beanspruchte Zeitbudget sind überlebenswichtig. Im Modus der Bedarfsökonomie werden sie selbstverständlich berücksichtigt. Im Marktmodus gelten sie als nicht produktiv. Der Zeitfaktor ist also ein wichtiger Parameter und gehört in den Grundwortschatz einer zeitgemäßen Ökonomik.

Neben der Zeit sind Energieverbrauch und Umweltbelastung weitere wichtige Budgetrestriktionen der evolutionären Ökonomik. In der herkömmlichen Ökonomik spielen beide nur dann eine Rolle, wenn finanzielle Kosten anfallen.

Wir unterscheiden zwischen dem Ergebnisnutzen und dem Prozessnutzen der Arbeit. Beide Begriffe gehören in unseren Grundwortschatz. Die Evolution hat aus gutem Grund das Belohnungszentrum unseres Gehirns so programmiert, dass auch die Jagd an sich Spaß macht (Prozessnutzen), unabhängig von der Beute (Ergebnisnutzen).

Eng verbunden mit dem Prozessnutzen der Arbeit ist der Umstand, dass sie, wenn sie entsprechend organisiert ist, auch soziale Bedürfnisse befriedigt. Bei der Lohnarbeit ist das aber immer weniger der Fall. Statt sozialen Nutzen schafft sie soziales Leiden, und dieses wird vom Belohnungssystem genauso behandelt wie physischer Schmerz oder Hunger.

Misstrauen etwa ist ein eminenter Kostenfaktor. Es führt zu Stress, Angst, schlechter Verdauung, Schlaflosigkeit, Depression, Burn-out-Syndrom, Trennungen, Aufsplittung von Haushalten, Scheidungen, Psychotherapien. Um die Pyramide im Großen zu skizzieren: Es ist auch Ursache von Rüstungsausgaben, Kriegsschäden und Flüchtlingsbewegungen.

Den Marktwirtschafter muss das nicht tangieren. All diese Entwicklungen steigern auf vielfältige Weise das BIP, fördern die Konjunktur. Wirtschaftlich sind die Probleme nicht sichtbar. Die Marktwirtschaft kann all das Leid dahinter ignorieren.

Für die Evolution hingegen ist die Herstellung von Vertrauen entscheidend. Wer die Wirtschaft verstehen will, muss wissen, wie Vertrauen entsteht – oder zerstört wird. Entscheidend ist, dass die Handlungen der Mitmenschen berechenbar bleiben. Zu diesem Zweck stricken Menschen ständig Netze von gegenseitigen Verbindlichkeiten und Verpflichtungen. Das geschieht auf der Grundlage von räumlicher Nähe und wiederholten sozialen Kontakten. Dafür braucht es auch Sanktionsmechanismen. Schmarotzerinnen und Schmarotzer, Betrügerinnen und Betrüger sollen bestraft werden. Da wir soziale Wesen sind, reicht meist schon soziale Missbilligung oder Ächtung. Zudem hat die Evolution zu starker Reziprozität geführt. Nicht alle, aber die meisten von uns haben den Drang, Vergehen auch dann zu sanktionieren, wenn wir davon nicht persönlich betroffen sind.

Soziale Beziehungen sind von Konventionen und Mustern geprägt. Der Anthropologe Alan Page Fiske hat diese Prozesse untersucht und über alle Kontinente hinweg vier Grundmuster der sozialen Koordination entdeckt.[1] Je nach sozialem Kontext verhalten wir uns im Modus der Hierarchie, dem der Gemeinschaft, in dem der Gegenseitigkeit unter Bekannten oder dem des Markts und damit der Gegenseitigkeit unter Fremden. Dabei verhalten wir uns in dem jeweiligen Modus, von dem wir meinen, dass auch das Gegenüber darin agiert.

Der Marktmodus konnte erst mit der Einführung von Warengeld geprägt und eingeübt werden. Diese Form des sozialen Zusammenwirkens ist also relativ jung, erst rund 8000 Jahre alt. Märkte sind, evolutionsgeschichtlich gesehen, eine Ausprägung, die noch in ihren

Kinderschuhen steckt. Der Homo sapiens bevölkert den Planeten seit rund 300 000 Jahren. In dieser langen Periode hatten sich, Ewigkeiten vor dem Marktwesen, die drei anderen Modi ausgebildet: Hierarchie, Gemeinschaft und Gegenseitigkeit sind die eigentlichen Urmuster der sozialen Koordination, die unser Verhalten weiterhin stark prägen und prägen werden.[2] Sie ermöglichen uns, in Gruppen zusammenzuarbeiten und dabei haushälterisch und erfolgreich zu sein. Alle drei Begriffe gehören neben Markt in den Grundwortschatz der Ökonomie.

Die eigentliche Grundlage jeglichen sozialen Verhaltens bildet der Gemeinschaftssinn. Menschen haben Freude am gemeinsamen Tun und beziehen Kraft daraus. Gemeinsame Arbeit fördert die Produktivität, insbesondere, wenn sie gut organisiert ist und Spaß macht. Bei der darauffolgenden Gewinnverteilung sorgt der Gemeinschaftssinn zudem für Fairness. In den Lehrbüchern der Marktwirtschaft spielen auch die Begriffe Gemeinschaftssinn und Fairness keine Rolle, in der Ökonomie der kurzen Wege gehören sie zum Grundwortschatz.

Die Urmodalität der Gegenseitigkeit ist für den Leistungsanreiz entscheidend. Wenn jemand Vorleistungen erbringt, fühlen sich die anderen zu Gegenleistungen verpflichtet, dies gemäß dem Prinzip des Gabentauschs. Das Prinzip der Gegenseitigkeit besteht auch unabhängig von der hierarchischen Ordnung. Wer Arbeiten erledigt, erwartet von den anderen, auch von den Vorgesetzten, gebührenden Einsatz für das Gemeinwohl.

Und das dritte Urmuster der sozialen Koordination ist das der Hierarchie. Die Organisation der Arbeit wird durch eine festgelegte Rangordnung und deren Akzeptanz in aller Regel erleichtert.

Die drei Urmodi menschlichen Verhaltens, Gemeinschaftssinn, Gegenseitigkeit und Hierarchie, sind für unsere produktiven Bemühungen maßgebend. Ihr Zusammenspiel bildet das soziale Vertrauenskapital, auf dem unsere Wirtschaft beruht. So gesehen, leben wir nicht in einer Marktwirtschaft, sondern vielmehr in einer Bedarfswirtschaft mit Markt.

Gegenüber der reinen Bedarfswirtschaft ermöglicht der Markt eine weitgehende Spezialisierung in der Arbeit und Arbeitsteilung. Dadurch wird die Produktivität des Markts gesteigert. Unabhängig davon geschieht im Marktmodus etwas, was zwischen den übrigen drei Modi nicht passiert. Der Markt vermag Gemeinschaftssinn, Gegenseitigkeit und Hierarchie zu untergraben. Damit aber gefährdet er die evolutionäre Tauglichkeit des Gesamtsystems.

Der schottische Moralphilosoph Adam Smith hat vor bald einem Vierteljahrtausend in seinem Buch *Der Wohlstand der Nationen*, vor allem in einem Kapitel über die Nadelfabrik, erstmals die großen Vorteile der Arbeitsteilung hervorgehoben. Für ihn wie schon für John Locke, später Thomas Paine und andere war allerdings die Effizienz der Güterherstellung nur ein Nebenaspekt. Vielmehr suchten diese Gelehrten Antworten auf die Frage, wie sich die Gesellschaft im Übergang vom Gabentausch zum Markthandel organisieren könne. Sie erhofften sich von der Ausbreitung des Markts vor allem einen Abbau der Hierarchien und der Monopole in der Hand von Familien, Adelshäusern, Kirchen, Zünften und Regierungen.

Locke, Smith und andere Denker hätten eine »zutiefst humane Vision« verfolgt. Die »Marktgesellschaft« sei damals »als eine Gesellschaft von Gleichen« verstanden worden, schreibt Elizabeth S. Anderson, eine US-amerikanische Professorin für Philosophie und Ethik.[3] Die Vordenker des freien Markts gingen von unabhängigen Kaufleuten und kleinen, herstellenden Betrieben aus. So hatte Smiths »Nadelfabrik«, mit der er die Arbeitsteilung veranschaulichte, nur zehn Mitarbeiter.

Die aufkommende, mit der Zeit in alles eingreifende Industrialisierung zerstörte die Hoffnungen auf mehr Gleichheit und gesellschaftliche Gerechtigkeit schon bald. Die meisten Menschen gerieten über Generationen in eine noch größere Abhängigkeit. Auf der anderen Seite trieben die Skaleneffekte die Effizienz der Güterherstellung in ungeahnte Höhen. Immer mehr produktive Tätigkeiten wurden der Marktlogik unterworfen. Das vergrößerte die Konzentration der Marktmacht und führte zu immer mehr Ungleichheit. Smith hatte sich das anders vorgestellt.

Die Vorzüge der immer globaler werdenden Arbeitsteilung faszinierte die Ökonomen. Sie formten die Ökonomie, die nach Aristoteles die »Lehre vom guten Leben« war, zu einer Wissenschaft des optimierten Markts. Und mit der Zeit wurde das BIP zur alleinigen Messlatte von Gelingen. Und die Frage danach, was ein gutes, sinnvolles, gar glückliches Leben sein könnte, verschwand vollständig aus dieser Wissenschaft.

Lange Zeit war tatsächlich die Beschränkung auf die Marktwirtschaft nützlich; sie stand zumindest einer guten Wirtschaftspolitik nicht im Wege. Doch diese Zeiten sind schon seit Längerem vorbei. Die marktorientierten Ökonomen und Ökonominnen erkennen das nicht. Sie zählen alle Kosten des Markts einfach zum BIP und nehmen dieses als Maßstab für den Erfolg. Doch das BIP misst per Definition nicht den Erfolg, sondern bloß unsere mit Geld abgegoltenen Bemühungen. Die monetäre Nachfrage kann nicht mehr der Maßstab für alles sein, vielmehr müssen wir die Bedürfnisse wieder in den Mittelpunkt unserer Aufmerksamkeit rücken. Erst in dieser Perspektive können wir die wahren Kosten des Marktmodus erkennen und gute und nachhaltige Antworten auf die zentrale Frage finden, welche unserer Tätigkeiten wir mit welchem Koordinationsmechanismus organisieren wollen.

Hohe, aber schwer messbare Kosten des Markts entstehen alleine dadurch, dass er das soziale Vertrauen strapaziert und untergräbt, das wir in der Bedarfswirtschaft gewonnen haben. David Graeber, der bereits einmal zitierte Anthropologe, Publizist und Aktivist der Occupy-Wall-Street-Bewegung, vergleicht die traditionellen sozialen Verpflichtungen mit Geldschulden und Forderungen.[4] Mit Rücksicht auf die Leistungsfähigkeit und Lebensumstände der Schuldner werden nichtfinanzielle Schulden aufgeschoben, teilweise eingefordert oder fallen gelassen. Der Marktmodus hingegen hat Forderungen von ihrer sozialen Komponente befreit. Das gelingt ihm einerseits, weil hierbei Forderungen in der Regel gegen Fremde gestellt werden, und andererseits, weil diese Forderungen genau bezifferbar sind. Das hat zwar den Anschein von Effizienz, wird aber mit sozialem Stress teuer bezahlt und zerstört das Vertrauenskapital einer Gesellschaft.

In der Bedarfswirtschaft kommt ein Ausschluss von der Arbeit kaum vor. Beim Markt ist das jedoch die zentrale Drohung und der wichtigste Ansporn zu Höchstleistungen. So gehören Entlassungen und streng hierarchisch organisierte Arbeit sozusagen zum Geschäftsmodell. Das hat sowohl für die Gemeinschaft als auch für den Einzelnen oftmals fatale Konsequenzen. Die persönliche Gestaltungsfreiheit wird stark eingeschränkt; das spezifische Potenzial des Einzelnen wird ungenügend genutzt. Kritiker von links sprechen von Lohnsklaventum[5]. Anderson hat ihrem Buch die Bezeichnung »private Regierungen« als Titel vorangestellt. Eines ihrer vielen Beispiele ist das des Keksfabrikanten Nabisco, der seinen Fließbandarbeiterinnen einst mit dreitägigen Arbeitssperren drohte, falls sie die Toiletten aufsuchten; die Arbeiterinnen wurden angewiesen, in ihre Kleidung zu urinieren.[6]

Der Markt wirkt sich auf vielfältige Weise auf unser Wohlbefinden aus. Das allerdings interessiert die Marktökonomie nicht. Sie fasst nur eine Dimension ins Auge: die durch den Preis gemessene Menge und Qualität der hergestellten Produkte und Dienstleistungen. Diese Beschränkung hat sich insofern durchaus bewährt, als man damit etwa konjunkturelle Schwankungen recht gut erklären und glätten kann. Ein typisches Beispiel dafür sind die zyklischen Schwankungen der privatwirtschaftlichen Investitionen, die entweder mit staatlichen Ausgaben oder mit einer Manipulation der Zinssätze abgefedert werden können.

Doch die Probleme, die uns heute beschäftigen, tauchen überwiegend an den Schnittstellen zwischen dem Markt und der übrigen Wirtschaft auf. Arbeitslosigkeit etwa wäre ein kleineres Problem, wenn wir nahtlos von der Markt- in die Bedarfswirtschaft und zurück wechseln könnten. Doch wurden die Strukturen der Bedarfswirtschaft durch die Anforderungen des Markts an Mobilität und Flexibilität weitgehend zerstört. Das wiederum hat unsere sozialen Sicherheitsnetze geschwächt. Die Anforderung, den Markt immer noch effizienter zu machen, ist ein Teufelskreis, der immer mehr Probleme schafft und kaum mehr Lösungen bringt.

4

BEFRIEDIGUNG UNSERER BEDÜRFNISSE

In der herrschenden Ökonomik sind alle sogenannten Wirtschaftssubjekte – also wir Menschen – bestrebt, mit möglichst wenig Aufwand möglichst viel Geld zu verdienen und es dann nutzenmaximierend auszugeben. Dabei gilt die Annahme vom sinkenden Grenznutzen: Das vierte Stück Kuchen schmeckt nicht mehr so gut wie das erste. Ferner wird unterstellt, dass das nutzenmaximierende Wirtschaftssubjekt allwissend sei, das es also seinen künftigen Bedarf und alle Preise kenne. Diese und weitere höchst unwahrscheinliche Annahmen sind nötig, damit mathematisch der Beweis dafür erbracht werden kann, dass die zuvor so definierte Marktwirtschaft den Nutzen aller optimiert beziehungsweise dass die von Adam Smith erfundene unsichtbare Hand des Markts den Eigennutz in Gemeinnutz umwandelt.

Wenn man die Wirtschaft auf das reduziert, was gegen Geld getan und verkauft wird, dann vermag ein solch beschränktes Gedankenmodell tatsächlich recht viel von dem zu erklären, was man aus dieser Perspektive beobachten kann. Wesentliches wird ausgeklammert; das war zu Zeiten, als die Ökonomie laufen lernte, noch ein verzeihlicher Fehler. Man wusste damals noch nicht, was wichtig werden könnte oder was wirklich wichtig ist. Heute können wir uns diese Ignoranz nicht mehr leisten. Wir wissen inzwischen ziemlich genau, wie uns die Evolution »programmiert« hat. Wir kennen die Hierarchie der Bedürfnisse zwar noch nicht bis ins letzte Detail, aber die moderne Wirtschaftswissenschaft darf es sich nicht mehr erlauben, das vorhandene Wissen einfach unter den Teppich zu kehren und sich weiter nur an den Schnittstellen ihrer läppischen Nachfrage- und Angebotskurven zu orientieren. Die Scheuklappen dieser Perspektive müssen schleunigst abgelegt werden; wir müssen unseren fahrlässigen Tunnelblick überwinden.

Die richtige Dosis Markt für die Wirtschaft hängt von den Bedürfnissen ab. So stellen sich die Fragen: Welche Bedürfnisse werden von der Marktwirtschaft ignoriert? Wie viel Zeit wenden wir pro Bedürfnis aktuell auf? Welcher Anteil davon entfällt auf bezahlte Arbeit? Und welche Bedürfnisse werden mit bezahlter Arbeit befriedigt?

Die Sinnesorgane, Hormone und Enzyme dienen dem Individuum dazu, seine Bedürfnisse wahrzunehmen. Sie lösen notwendige Reaktionen und Handlungen aus, um die Bedürfnisse zu befriedigen und letztlich hat es die Evolution so eingerichtet, um das Überleben der Gattung Mensch zu sichern. Das Belohnungszentrum in unserem Gehirn koordiniert das Ganze, setzt Prioritäten, fördert die Hormonproduktion und belohnt damit das aus evolutionärer Sicht richtige Handeln. Sex macht Spaß; Essen regt die Endorphine an, und ein Hormon namens Leptin teilt uns mit, wenn es genug ist; am Morgen aktiviert das blaue Licht der Sonne das Kortisol, und am Abend macht uns das Melatonin müde und wiegt uns in den Schlaf. Dann werden die Wachstumshormone tätig und reparieren, was im Verlauf des Tages kaputtgegangen ist.

Wir müssen uns nicht in die Hormonwissenschaft vertiefen, aber für eine umfassende Ökonomik ist es sinnvoll, die Aspekte unseres Belohnungssystems zu kennen, die für das Wahrnehmen von Bedürfnissen und für die soziale Koordination der produktiven Tätigkeiten wichtig sind. In die Bedürfnisse reiht sich übrigens auch der Wunsch ein, möglichst viel Geld zu verdienen und dieses nutzenmaximierend auszugeben. Aber dieser Wunsch steht wiederum in Konkurrenz und teils auch im Widerspruch zu anderen Bedürfnissen wie soziale Anerkennung, Sicherheit, der Drang, seine Begabungen entfalten zu können, und so fort. Die verschiedenen Wünsche und Bedürfnisse können in vielfältigem Maße sich stören, in Spannung oder Widerspruch zueinander stehen.

Von diesen Widersprüchen und ihrem Verhältnis untereinander sollte die moderne Ökonomik Kenntnis haben. Ihre Hauptaufgabe ist es, Marktinstrumente richtig einzusetzen. Das kann sie aber nur, wenn sie sich mit diesen Widersprüchen auseinandersetzt. Dazu wollen wir uns die beiden wichtigsten dieser Widersprüche etwas genauer ansehen.

Da wäre zunächst einmal der Spaß an der Arbeit. Das Belohnungssystem in unserem Hirn hat uns so programmiert, dass uns nicht nur das Ernten, sondern auch das Gärtnern Freude bereiten kann. Bruno S. Frey, Professor an der Universität Zürich, hat dafür den Begriff des »prozeduralen Nutzens« geprägt, im Gegensatz zum »Ergebnisnutzen«.[1] Untersuchungen der Glücksforschung haben entsprechend ergeben, dass Arbeitslosigkeit auch dann unglücklich macht, wenn sie mit keiner finanziellen Einbuße verbunden ist.

Der Spaß an der Arbeit hängt in hohem Maße davon ab, wie diese organisiert ist. Gemäß der Studie »Happiness at Work«[2], die 2017 an der London School of Economics and Political Science gemacht wurde, sind dabei bestimmte Umstände besonders wichtig: Ist die Arbeit so organisiert, dass man sich gegenseitig unterstützt und nicht unter Konkurrenzdruck behindert oder bekämpft? Ist die Arbeitsstelle sicher? Kann das Arbeitstempo selbst bestimmt werden? Gibt es neben der Arbeit noch Zeit für Familie und Freunde?

Dass die Lebenszufriedenheit mindestens so wichtig ist wie der Lohn, zeigen Alois Stutzer und Bruno S. Frey in ihrer Studie »Commuting and Life Satisfaction in Germany«[3], wonach allein ein kürzerer Arbeitsweg, null statt 23 Minuten, so viel wie eine Lohnerhöhung um 19 Prozent wert ist. Die Autoren stellen die Vermutung auf, dass für den Bekanntenkreis und die Familie desto weniger Zeit bleibe, je länger der Arbeitsweg sei.

Diese Erkenntnisse haben für das angestrebte umfassende Wirtschaftsverständnis größere Konsequenzen, da der Markt sich immer nur für das Ergebnis interessiert. Doch wie gravierend die Vernachlässigung des prozeduralen Nutzens durch die Marktökonomik wirklich ist, hängt vom Sättigungsgrad der Wirtschaft ab. In Zeiten der materiellen Not geht es darum, etwas zu essen zu besorgen, egal, wie. Ist der Tisch hingegen gedeckt, heben auch zusätzlich fünfzig Gramm Kaviar nicht die Stimmung, wenn man alleine ist. Ökonomisch ausgedrückt, sinkt der Grenznutzen des Ergebnisnutzens, während der prozedurale Nutzen gleichzeitig stabil bleibt. In einer Wirtschaft an der Sättigungsgrenze wiegen somit Veränderungen des prozeduralen Nutzens viel schwerer als die Zu- oder Abnahme des BIP. Die Marktwirtschaft beeinflusst unser Wohlbefinden folglich nicht durch die Menge der Güter, die sie produziert, sondern durch die Art und Weise, wie sie die Gesellschaft organisiert oder desorganisiert. Das heißt, entscheidend ist nicht nur, was aus der Wurstmaschine herauskommt, sondern auch was die Maschine mit uns macht.

Beim prozeduralen Nutzen ist die soziale Komponente ungemein wichtig. Der Mensch ist ein soziales Wesen, Solidarität ist für ihn überlebenswichtig. Deshalb behandelt unser Belohnungssystem soziale Enttäuschung und Unbehagen genauso wie physisches Leid: Physischer und psychischer Schmerz, Hunger, Erschöpfung, schlechte Stimmung, Ungerechtigkeit, Ungleichbehandlung, sozialer Ausschluss tun weh. All das wird von denselben Regionen des Gehirns verarbeitet.

Die Marktwirtschaft kann effizient produzieren und uns mit Gütern versorgen. Doch da sie auf Wettkampf aufgebaut ist, versetzt sie die Menschen zueinander in Konkurrenz. Konkurrenz birgt die Drohung des sozialen Ausschlusses, und das belastet unser Wohlbefinden. In geringem Maße und auf eine gewisse Zeit könnte Konkurrenz die Arbeitsatmosphäre beleben. Sie ist hier aber ein Grundprinzip und in keiner Weise rationiert oder kontrolliert – wer verliert, verliert. Ein Übermaß an Konkurrenz macht uns psychisch und körperlich krank und gefährdet den sozialen Zusammenhalt.

Wir verdanken unseren evolutionären Erfolg unserem Einfühlungsvermögen. Und wir sind genetisch auf Kooperation und Gleichheit programmiert. Diese beiden Feststellungen sind entscheidend für das Verständnis des Markts. Aufschluss hierüber gibt unsere Entstehungsgeschichte. So kommen die Soziologen Kate Pickett und Richard Wilkinson zu folgender Forderung: »Das egalitäre Bild unserer prähistorischen Vergangenheit sollte Teil der Allgemeinbildung sein und in den Grundkursen aller Sozialwissenschaften gelehrt werden. Die Evidenz aus über 150 Jäger- und Sammlervölkern enthält keinerlei Hinweise auf die bei den Primaten übliche hierarchische Gesellschaftsstruktur mit den dominierenden und entsprechend größeren und kräftigeren Männchen.«[4]

Den entscheidenden Schritt weg von der Hierarchie der Primaten und hin zu einer egalitären Sozialisierung hätten wir mit der Erfindung von Keulen, Pfeil und Bogen gemacht, erklärt der Anthropologe Christopher Boehm. Sie habe uns die Möglichkeit eröffnet, Großwild zu jagen. Bei der kollektiven Jagd habe die Kraft und Geschicklichkeit eines dominierenden Männchens keine entscheidende Rolle mehr gespielt. Am Ende sei eine Beute angefallen, die man angesichts ihrer Größe teilen musste, und zwar, indem man sich am besten um ein Feuer versammelte und feierte.

Die Jäger und Sammler haben Praktiken und Verhaltensweisen entwickelt, um den egalitären Charakter ihrer Gesellschaftsordnung zu festigen. Dadurch hätten Machtwillige in die Schranken gewiesen und Faulenzer bestraft werden können. Diese Gesellschaften bildeten ein enges Netz von gegenseitigen Verpflichtungen und Abhängigkeiten. Dazu gehörte auch der Tausch von Gaben. Man beschenkte andere nicht in der Hoffnung auf ein unmittelbares Gegengeschenk, sondern machte so die Beschenkten zu Verbündeten und verpflichtete sie zur gegenseitigen Unterstützung in Notlagen.

Mit der Erfindung des Ackerbaus vor rund 10 000 Jahren traten erstmals in der Geschichte der Menschheit hierarchische Strukturen auf. Diese ermöglichten die Bildung von Staaten. Doch Hierarchien schützen nicht vor Willkür. Im Staatswesen führte dieser Umstand zur Bildung von Institutionen der Gewaltenteilung und schließlich zur Demokratie.

Bis heute werden wir Menschen von unserer prähistorischen Sozialisierung gesteuert. Zu diesem Punkt gibt es interessante Studien der modernen Neurowissenschaft. Ein Team des US-amerikanischen National Institute of Health und des LABS-D'Or Hospital Network in Rio de Janeiro untersuchte, was in den Köpfen von Testpersonen vorgeht, wenn sie große Geldsummen entweder selbst erhalten oder für einen ihnen nahestehenden, wohltätigen Zweck spenden.[5] In beiden Fällen reagierte das mesolimbische Belohnungssystem ungefähr gleich stark. Die Schenkung hat aber darüber hinaus noch eine weitere Hirnregion aktiviert, und zwar den subgenualen Kortex. Das ist der Teil des Belohnungszentrums, der mit der sozialen Zugehörigkeit verknüpft ist. Die Aktivierung beider Gehirnregionen bewirkt eine Verlangsamung der Herzfrequenz und eine Beruhigung des autonomen Nervensystems; das bedeutet weniger Kortisol und mehr Oxytocin.

Erstaunlich ist es nicht, dass die soziale Einbindung auch für die Gesundheit entscheidend ist. Die Metastudie »Social Relationships and Mortality Risk«[6] wertete 148 einschlägige Studien aus und ermittelte, dass gute gegenüber schlechten sozialen Beziehungen die Überlebenswahrscheinlichkeit um 50 Prozent verbesserten. Schlechte soziale Beziehungen seien genauso schädlich wie Alkoholismus oder fünfzehn Zigaretten pro Tag und doppelt so schädlich wie Fettleibigkeit. Das gelte für den Durchschnitt aller Studien. Werte man nur die 68 Studien aus, in denen die Qualität der sozialen Beziehungen eng definiert worden sei, verstärke sich die Wirkung sogar fast auf das Doppelte.

Da die Marktwirtschaft die Menschen zueinander in Konkurrenz versetzt und so mit sozialem Ausschluss droht, ist es wichtig zu wissen, wie Menschen mit Konkurrenzsituationen umgehen. Zu dieser Frage hat die Gehirnforschung vieles beizutragen. John O'Doherty und andere Neurowissenschaftler haben in einem raffinierten Test herausgefunden, dass es in unserem Gehirn einen Das-ist-nicht-fair-Punkt gibt.[7] Bei dem Test wurde gemessen, wie die Gehirnaktivität von Testpersonen im Striatum und im präfrontalen Kortex reagiert, wenn sie damit konfrontiert werden, dass eine andere

Testperson, die schon viel Geld hat, noch mehr erhält. Oder umgekehrt, wenn eine arme Testperson das Geld erhält, die Ungleichheit also reduziert wird. Das Ergebnis war: Wenn die reichere Testperson noch mehr Geld erhielt, freute sie sich darüber weniger, als wenn das Geld an die ärmere ging. Die ärmere jedoch ärgerte sich, wenn das Geld stattdessen an die reichere Testperson ging, auch wenn sie selbst dadurch nicht noch ärmer wurde. Beide Testpersonen waren also mehr daran interessiert, Gleichheit herzustellen, als selbst reicher zu werden.

Dieses Das-ist-nicht-fair-Gefühl zeigt sich auch beim Öffentliche-Güter-Spiel (ÖGS), das unter experimentellen Ökonominnen und Ökonomen beliebt ist. Dabei geht es darum, ein gemeinsam erschaffenes öffentliches Gut zu verteilen. Eine häufig praktizierte ÖGS-Spielanordnung funktioniert wie folgt: Zehn Teilnehmerinnen und Teilnehmer können je einen frei wählbaren Teil eines Einsatzes von, sagen wir, 100 Schweizer Franken in einen gemeinsamen Topf einzahlen. Dieser Einsatz wird darauf verdoppelt und der Topf durch alle Teilnehmenden geteilt. Legen alle ihren ganzen Einsatz in den Topf, hat jeder am Ende 200 Franken. Wenn nun in der zweiten Runde einer gar nichts in den gemeinsamen Topf tut und alle anderen je 100 Franken einzahlen, ergibt das 900 Franken. Die werden auf 1800 Franken verdoppelt. Das ergibt 280 Franken für den Geizhals (180 Franken Anteil am Topf plus 100 Franken eigener Einsatz) und 180 Franken für alle anderen.

Ernst Fehr und Simon Gächter vom Institut für Empirische Wirtschaftsforschung an der Universität Zürich führten 1999 das Experiment mit geänderten Spielregeln durch; unsoziales Verhalten konnte nun bestraft werden.[8] Wenn eine Mitspielerin in der ersten Runde feststellte, dass ein Mitspieler nichts oder zu wenig einzahlte, konnte sie in den nächsten Runden einen Teil ihres Einsatzes dazu verwenden, den Mitspieler zu bestrafen. Sie verlor zwar, aber der Schmarotzer verlor noch mehr.

Das Ergebnis ist interessant: Vor der Einführung der Bestrafung sanken die Einzahlungen in den Topf umso schneller, je größer der Anteil der Egoisten war. Sobald aber die Möglichkeit einer Bestrafung eingeführt worden war, stieg der Beitrag sprunghaft an. Schmarotzer wurden umso stärker bestraft, je mehr die Differenz vom Durchschnitt abwich. In der jeweils letzten, zwanzigsten Runde zahlten im Schnitt 83 Prozent der Teilnehmerinnen und Teilnehmer den vollen Betrag ein.

Das Experiment wurde mehrfach wiederholt und variiert. Dabei stellte sich heraus, dass die Bereitschaft zum Teilen umso höher ist, je besser sich die Mitspielenden kennen, je größer die Möglichkeit zur Bestrafung ist und je öfter das Spiel wiederholt wird. Dieses Bedürfnis, Trittbrettfahrerinnen und -fahrer zu bestrafen, wird von den experimentellen Ökonominnen und Ökonomen als starke Reziprozität bezeichnet. Wenn jedoch die Spielregeln keine Möglichkeit der Bestrafung vorsehen, genügt schon ein kleiner Prozentsatz von skrupellosen Egoistinnen oder Egoisten, um die Kooperationsbereitschaft zusammenbrechen zu lassen.

Das erleben wir derzeit sozusagen in einem groß angelegten realen Feldversuch. Durch die Globalisierung und die damit einhergehende Schwächung der Nationalstaaten werden weltweit die Möglichkeiten der Bestrafung von Egoisten – etwa durch höhere Steuern – laufend abgebaut. Entsprechend steigen die Einkommensunterschiede. Unter der Voraussetzung, dass unser Verstand auf Gleichheit programmiert ist, können wir davon ausgehen, dass die zunehmende Ungleichheit unsere Psyche stark belastet.

Diese These untersuchten die schon erwähnten Sozialepidemiologen Wilkinson und Pickett. Sie werteten Hunderte einschlägiger Studien aus. Das Ergebnis ist eindeutig: Je größer die Ungleichheit, desto labiler die psychische Gesundheit. In den USA waren 1980 erst 4 Prozent der Bevölkerung im Verlauf des Lebens von psychischen Störungen betroffen, heute sind es schon 55 Prozent. In Deutschland trifft es 33 Prozent, in China 18 Prozent. Bei zunehmender Ungleichheit nimmt die Gewalt zu, das Vertrauen und die Hilfsbereitschaft gehen zurück, die soziale Mobilität nimmt ab – und die Statusängste steigen in allen Stufen der Gesellschaft.

Während die Marktökonomen und Marktönonominnen noch versuchen, aus ausgewählten Daten herzuleiten, dass der globale Wettbewerb die Effizienz der Produktion erhöhe, haben Sozialwissenschaftlerinnen und -wissenschaftler einen für unser Wohlbefinden wirklich relevanten Zusammenhang erhärtet. Ihre Statistiken und Untersuchungen zeigen, dass unser System der globalisierten Marktwirtschaft keineswegs zum Erhalt oder zur Steigerung des Wohls der Menschen geeignet ist. Die soziale Belastung ist immens; Kinder reagieren auf den Druck besonders empfindlich. Das zeigt unter anderem eine Studie, die in 37 Industrieländern durchgeführt wurde; sie ergab, dass Kinder in Ländern mit großen Einkommensunterschieden fast zehnmal so oft unter Mobbing leiden wie Kinder aus anderen Ländern.[9]

Auf Einkommensunterschiede reagieren wir sehr empfindlich. Menschen achten genauestens auf Beurteilungen ihrer Person, ihrer Familie und ihrer sozialen Umgebung. Schon Babys können anhand von Mimik und Tonfall erkennen, ob sie ihre Eltern erfreut oder erzürnt haben. Missbilligende Blicke treffen – das ist Teil unserer DNA, und darauf zu achten, gehört zu unserer Überlebensstrategie. Besonders schmerzhaft ist das Gefühl, von den anderen als Verlierer oder Versager eingestuft zu werden. Je ungleicher eine Gesellschaft und je höher die soziale Fallhöhe, desto schwerer wiegen solche Einstufungen. Ungleichheit führt auch dazu, dass die Sieger immer mehr Mittel haben, um ihren höheren Status mit exquisiten Kleidern, teuren Hobbys, dicken Autos, protzigen Immobilien den Verlierern vorzuführen.

Dennoch soll die Marktwirtschaft keineswegs komplett abgeschafft werden. Vielmehr geht es darum, eine angemessene Mischung von Markt, Bedarfswirtschaft und Staat zu finden, angepasst an die Produktionstechnologie. In den dreißig goldenen Jahren nach dem Zweiten Weltkrieg ist uns dies ziemlich gut gelungen. In dieser Periode haben die damals führenden nationalen Großunternehmen, starke Gewerkschaften, wirtschaftspolitisch autonome Nationalstaaten und eine solide familiäre Bedarfswirtschaft ein stabiles Gleichgewicht der Kräfte gebildet.

Vereinfacht läßt sich sagen, dass die nationalen Volkswirtschaften der drei Nachkriegsjahrzehnte die egalitären Bedingungen der ersten 250 000 Jahre wieder hergestellt haben – selbstverständlich auf einer höheren produktionstechnischen Ebene. Nur in dieser kurzen Periode hat der Markt etwa so funktioniert, wie es im Lehrbuch steht – Vollbeschäftigung, geräumte Gütermärkte, mit der Produktivität steigende Stundenlöhne für alle. Das ist eigentlich nicht erstaunlich. Die klassische Ökonomie mit ihren atomistischen Märkten, auf denen sich lauter kleine Anbieter und Nachfrager begegnen, ist eine durch und durch egalitäre Theorie – keine Macht für niemanden. Nur wenn alle gleich viel beziehungsweise gleich wenig Macht haben, liefert der Markt die in der Theorie versprochenen Ergebnisse. Das war damals annäherungsweise der Fall.

Die Produktionstechnologien haben sich seither noch einmal stark verändert. Aber unser evolutionäres Erbe und die Hierarchie unserer Bedürfnisse sind annähernd gleich geblieben. Wir sind nicht über Nacht zu den asozialen, allwissenden Nutzenmaximierern aus den kanonisierten Lehrbüchern der Marktökonomen geworden. Deshalb brauchen wir nicht einfach noch mehr, wir brauchen auch keine effizientere Marktwirtschaft, sondern eine Wirtschaftsordnung, die unserem Sozialverhalten entspricht und auf die Hierarchie unserer Bedürfnisse Rücksicht nimmt. Darauf kommen wir noch ausführlicher zu sprechen.

Zunächst aber wollen wir uns dem Ergebnisnutzen zuwenden. Welche Güter und Dienstleistungen sind für uns wichtig? Und wie viele davon werden über den Marktmechanismus produziert? Es reicht ja nicht, dass wir bei der Arbeit Spaß haben – und dabei verbluten, weil sich die Ärztin und der Sanitäter nur um den eigenen prozeduralen Nutzen kümmern.

Die Bedeutung des Ergebnisnutzens ist unbestritten. Wir brauchen Nahrung, ein Dach über dem Kopf, Kleider, Heizung, Bildung, Unterhaltung, Ferienreisen und so fort. Und für alles brauchen wir Zeit. Zeit ist bemessen. Mehr als 24 Stunden pro Tag stehen uns nicht zur Verfügung. Wie viel Zeit wir pro Bedürfnis aufwenden, hängt von seiner Dringlichkeit und von der entsprechenden Produktionstechnologie ab. Seit wir Kühe und Rinder industriell halten, müssen wir für die Jagd nicht mehr täglich Stunden, sondern bloß noch Minuten aufwenden.

2016 sah das Zeitbudget einer durchschnittlichen, über fünfzehn Jahre alten Person in der Schweiz gemäß Statistik[10] so aus:

Durchschnittliche Arbeitszeit pro Woche		
Bezahlte Arbeit		**22,0 Stunden**
Unbezahlte Arbeit		**26,8 Stunden**
Essen zubereiten, Abwasch	7,7 Stunden	
Putzen, Waschen	4,9 Stunden	
Einkaufen	2,1 Stunden	
Kinder und Alte betreuen	4,2 Stunden	
Haustiere, Garten	2,8 Stunden	
Administratives, Verschiedenes	3,5 Stunden	
Freiwilligenarbeit, Verein	1,6 Stunden	
Arbeitszeit pro Woche total		**48,8 Stunden**

In dieser Statistik ist die Definition der unbezahlten Arbeit eher restriktiv. Es gelten nur Tätigkeiten, für die man auch bezahlen könnte – Kinder hüten, auswärts essen statt zu Hause, sich chauffieren lassen und so ähnlich. Gegenseitige Unterhaltung, einvernehmlicher Sex usw. werden ebenso wenig mitgezählt wie etwa die Zeit, die wir mit Computerspielen verbringen.

Für welchen Zweck die Schweizerinnen und Schweizer bezahlte Arbeit leisten, ist schwer zu ermitteln. Wir versuchten uns der Sache anzunähern, indem wir zunächst anhand der Statistik des BIP, gemäß Verwendungsansatz, das Verhältnis des Staatskonsums (öffentliche Güter) zum Privatkonsum ermittelten. Anschließend haben wir gemäß der bundesamtlichen Statistik der Haushalts- und der Staatsausgaben die entsprechenden Anteile auf die geleistete Arbeitszeit hochgerechnet.

Daraus lässt sich grob folgende Verteilung abschätzen:

Anteile an der bezahlten Arbeit		
Gesundheit		2,4 Stunden
Wohnen, Heizen		3,3 Stunden
Nahrung, Restaurant		3,9 Stunden
Verkehr		1,7 Stunden
Unterhaltung		3,1 Stunden
Diverses		1,7, Stunden
Sparen, Exportüberschuss		1,8 Stunden
Öffentliche Güter		4,1 Stunden
Bildung, Kultur	1,7 Stunden	
Öffentliche Verwaltung	1,3 Stunden	
Sicherheit	0,6 Stunden	
Gesundheit	0,5 Stunden	
Bezahlte Arbeit total		22,0 Stunden

Wenn man nun bezahlte und unbezahlte Arbeit addiert, erkennt man, dass das Bedürfnis nach Nahrung nach wie vor wichtig ist. Insgesamt wenden wir dafür rund ein Viertel unseres Zeitbudgets auf. Der zweitwichtigste Posten ist die Betreuung und Ausbildung der Kinder und die Pflege von Seniorinnen und Senioren. Auch die Hauswirtschaft, Wohnen, Heizen und Gartenarbeit usw. geben viel zu tun. Insgesamt haben sich unsere Bedürfnispalette und die Zeit, die wir für die Bedürfnisbefriedigung aufwenden, trotz modernster Technik nicht wesentlich verändert.

Unternehmen und Arbeitnehmerinnen und Arbeitnehmer in Deutschland und der Schweiz arbeiten zunehmend auf Vorrat. Das heißt, sie häufen Exportüberschüsse an. Auch der Zeitaufwand für Mobilität ist stark gestiegen. Die rund 1,7 Stunden bezahlte Arbeit für Verkehr berücksichtigen nur die Zeit, die wir arbeiten müssen, um unser Auto zu kaufen und die Transportkosten zu decken. Die Zeit, die wir im Stau, auf Reisen oder auf dem Arbeitsweg verbringen, kommt noch hinzu. In der Schweiz sind wir gemäß neuesten Statistiken 1,5 Stunden pro Tag unterwegs; das sind gut 10 Stunden pro Woche.[11]

Was ferner auffällt, ist der hohe Wohlstand, den sich der Durchschnitt mit relativ wenig bezahlter Arbeit leisten kann. Wenn wir die gesamte Arbeitszeit auf alle Zwanzig- bis Siebzigjährigen verteilen und auf Exportüberschüsse verzichten, ergäbe das für jeden bei fünf Wochen Ferien rein rechnerisch eine 28-Stunden-Woche. In Deutschland käme man sogar auf eine 24-Stunden-Woche. Langfristig gesehen, nimmt die bezahlte Arbeit weiterhin laufend ab – was angesichts des Produktivitätsfortschritts nicht überrascht. In den letzten zwanzig Jahren sind die bezahlten Arbeitsstunden pro Beschäftigten oder Beschäftigte in der Schweiz und in Frankreich um 10, in Deutschland gar um 15 Prozent geschrumpft, gleichzeitig ist die Produktivität pro Stunde um 22, 29 und 30 Prozent gestiegen.[12]

Bei der unbezahlten Arbeit sind keine klaren Trends erkennbar, was wohl auch an der Uneinheitlichkeit der Erhebungsmethoden liegt. In der Schweiz hat die unbezahlte Arbeit seit 2000 um rund anderthalb Stunden pro Woche zugenommen. In Deutschland reduzierte sich das Volumen der unbezahlten Arbeit trotz zunehmender Bevölkerung um 13 Prozent auf 89 Milliarden Stunden, während die bezahlte Arbeit bloß um 4,5 Prozent auf 66 Milliarden Stunden gesunken ist. Dafür sind gemäß Statistischem Bundesamt Destatis drei Gründe verantwortlich: Erstens ist die Quote der erwerbstätigen Frauen von 56 auf 69 Prozent gestiegen. Zweitens ging die Anzahl der Kinder unter 12 Jahren um 22 Prozent auf 8,3 Millionen zurück. Drittens wird Hausarbeit immer mehr »durch vorgefertigte Nahrungsmittel und externe Dienstleistungen wie Haushaltshilfen und externe Kinderbetreuungseinrichtungen ersetzt«.[13]

Dazu kommt noch der Schuhputzer- und Dienstmädchen-Effekt, im Ökonomenjargon »consumption spillover« bezeichnet. Im European Jobs Monitor von Juli 2017[14] wird dieser Effekt vorgestellt. Danach führt der technologische Fortschritt zu einer zunehmenden Ungleichheit der Einkommen. Diese ermöglicht es den oberen Einkommensschichten, Dienstleistungen wie Waschen, Bügeln, Putzen, Kochen und so fort gegen wenig Geld einzukaufen und an die schlecht bezahlte Unterschicht zu delegieren. Die Ökonomen Francesca Mazzolari und Giuseppe Ragusa schreiben in einem Aufsatz von 2013, dass ein Drittel der zusätzlichen niedrig qualifizierten Beschäftigung seit 1990 auf diesen Consumption-Spillover-Effekt zurückzuführen sei.[15]

Der technologische Fortschritt schlägt sich deshalb nicht in einer Zunahme der gemessenen Produktivität nieder, weil die wegrationalisierte Arbeit zum Teil durch wenig produktive Arbeit ersetzt wird. Dieser Effekt ist in der Theorie nicht vorgesehen. Das Wirtschaftssubjekt optimiert seinen Nutzen dadurch, dass es die dank dem technologischen Fortschritt eingesparte Zeit als zusätzliche Freizeit eingesetzt, oder, falls sich die Gelegenheit ergibt, für Arbeiten, die einen höheren Nutzen generieren. So hätten Robinson und Freitag nach der Schaffung des Fischernetzes nicht einfach nur mehr Freizeit in ihrer Hütte verbracht, sondern ihre Behausung noch etwas komfortabler ausgebaut.

Offenbar finden also laufend Verschiebungen zwischen bezahlter und unbezahlter Arbeit statt. Vor wenigen Hundert Jahren gab es praktisch nur unbezahlte Arbeit. Alles, was man brauchte, konnte man auch in Eigenregie oder im Kreis der Familie oder Sippe herstellen. Heute können wir das nicht mehr. Durch die Industrialisierung haben wir viele Fähigkeiten verloren. Wir können uns nicht mehr so organisieren, dass wir wichtige Bedürfnisse aus eigener Kraft befriedigen können. Dafür haben wir dank der Effizienz der Marktproduktion insgesamt viel Arbeit gespart.

Hat sich das gelohnt?

Bevor wir diese Frage beantworten, werfen wir erst noch einen Blick auf die oft übersehenen spezifischen Kosten des Markts.

5

DIE HOHEN KOSTEN DES MARKTES

Ein großer Teil unserer produktiven Handlungen wird durch Marktmechanismen koordiniert. Doch Koordination kostet. Ökonominnen und Ökonomen kümmern sich dennoch kaum um diese Kosten, denn für sie ist der Markt alternativlos: Die Preiskonkurrenz sorge dafür, dass alle Güter und Dienstleistungen mit den geringstmöglichen Kosten hergestellt würden. Aus dieser Sicht ist der Markt kein Verursacher von Kosten, sondern *der* Kostenkiller schlechthin.

Nicht ganz so betriebsblind war Ronald Coase. Dem britischen Ökonomen ist aufgefallen, dass Menschen oft nicht dem Lehrbuch der Ökonomie folgen, also eben nicht möglichst vieles dem Markt überlassen. Etwa bei der Verrichtung komplexer Arbeiten organisieren sie sich vielmehr hierarchisch. Coase habe die Antwort im Sommer 1937 gefunden, schrieb *Die Zeit*.[1] »Die Nutzung des Preismechanismus kostet Geld. Wer etwa Autos bauen und verkaufen will, muss Modelle entwickeln, Vorprodukte einkaufen, Arbeiter einstellen, kontrollieren, ausliefern, Informationen sammeln, Verträge aushandeln etc. Um diese Transaktionskosten gering zu halten, werden auf Dauer angelegte Tätigkeiten aus dem Markt herausgenommen und einer Hierarchie unterstellt.«

Mit diesem Ansatz hätte Coase aus der Ökonomik eine echte Sozialwissenschaft machen können, eine

Theorie der Ausgestaltung von Koordinationsmechanismen. Doch Coase gab sich mit weniger zufrieden, er analysierte die Determinanten der Hierarchiekosten und entwickelte daraus eine Theorie der optimalen Größe einer Firma. 1991 wurde ihm dafür der Nobelpreis der Ökonomie zugesprochen.

An den Segnungen des Markts zweifelte bis tief in die neunziger Jahre noch kaum jemand. Der Markt ermöglichte ja auch weitgehende, grenzüberschreitende Spezialisierung und einen schnellen Transfer von Wissen. Zudem kann über ihn viel Kapital mobilisiert werden, um etwa Eisenbahnlinien, Bergwerke, Staudämme, Autofabriken und so fort zu ermöglichen. Mit geldlosem Tauschhandel und Selbstversorgungswirtschaft wäre die Industrialisierung niemals möglich gewesen.

Der Markt ist nun mal ein markanter Meilenstein der Evolution. In den zwölf größten westlichen Industrieländern ist seit 1870 die Produktivität pro Arbeitsstunde um das Einundzwanzigfache gestiegen, ermittelte der britische Ökonom Angus Maddison.[2] Gleichzeitig nahm das BIP pro Kopf etwa um den Faktor zwölf zu.

Doch der Markt hat Makel. Das wurde im letzten Jahrzehnt immer offensichtlicher und ist heute nicht mehr zu leugnen. Umweltverschmutzung, Klimaerhitzung, chronische Arbeitslosigkeit, zunehmende Ungleichheit – das und vieles mehr hat die unsichtbare Hand, die alles zum Guten regeln soll, nicht im Griff. Allmählich wird uns auch klar, dass der Markt nicht nur die Umwelt zerstört, sondern ebenfalls die Gesellschaft desorganisiert. Es ist also höchste Zeit, die Ideen von

Coase zu den Kosten des Markts wieder aufzunehmen und zu erweitern.

Im Gegensatz zu Coase betrachten wir nicht die Hierarchiekosten, um die Koordinationskosten des Markts zu ermitteln. Unser Vergleichsmodell ist vielmehr die Bedarfsökonomie. Beide – Markt und Bedarfsökonomie – enthalten Elemente von Hierarchie. Was die beiden unterscheidet, ist der Gebrauch von Geld beziehungsweise der Koordinationsmechanismus des Geldes. Diese Koordination ist mit hohen Kosten verbunden. In der Bedarfsökonomie produzieren wir das, was wir brauchen: Die Produktionsgemeinschaft ist identisch mit der Bedarfsgemeinschaft. Sie reagiert direkt auf die eigenen Bedürfnisse. In der Marktökonomie hingegen stellen wir nicht das her, was unsere Bedürfnisse direkt befriedigt, sondern das, was wir erstens gut produzieren und zweitens mit einem möglichst hohen Erlös verkaufen können. Zu diesem Zweck müssen wir nicht nur in die Produktion, sondern auch in die Werbung investieren, schließlich gilt es, der Konkurrenz eine Nasenlänge voraus zu sein. Mit dem Erlös kaufen wir dann das ein, was wir benötigen, wobei wiederum ein Preiswettbewerb dafür sorgt, dass wir für möglichst wenig Geld möglichst viel Ware oder Dienstleistungen erwerben können.

Schon diese – immer noch sehr verkürzte – Darstellung lässt erahnen, dass die Bedürfnisbefriedigung via Markt ein unnötig aufwendiger Hindernisparcours sein kann.

Und dabei haben wir erst ein Kostenelement des Markts kurz angedeutet. Noch wichtiger ist der Umstand, dass man am Markt seine Bedürfnisse nur dann anmelden kann, wenn man über genügend Kaufkraft verfügt. Da aber Marktsituationen zunehmend zu einseitig verteilter Kaufkraft führen, ist die Marktwirtschaft auf eine immer aufwendigere Umverteilungsbürokratie angewiesen. Doch davon später mehr. Zunächst wollen wir das Problem einmal grundsätzlich betrachten. Mit welcher Organisationsform die Wirtschaft auch immer funktioniert, sie sollte drei Dinge leisten: Zuerst sollte sie die Bedürfnisse und deren jeweilige Dringlichkeit erkennen. Dann sollte sie die zur Befriedigung der Bedürfnisse notwendigen Tätigkeiten koordinieren. Und schließlich sollte sie Regeln für die Verteilung und den Konsum der Güter und Leistungen aufstellen. Die Organisationsform muss somit mannigfaltige Informationsprobleme lösen. Zu fragen ist also, wie gut der Markt diese Aufgaben löst und wie im Vergleich zu ihm die Bedarfsökonomie dastünde.

Bei der Bedarfsökonomie sind Produzierende und Konsumierende praktisch identisch – man arbeitet für sich selbst oder für Familienmitglieder, Verwandte und Bekannte. Somit sind aufseiten der Herstellung die Konsumbedürfnisse bestens bekannt. In einem Dorf oder einem Stadtteil, werden durch die wiederholte Begegnung von Angesicht zu Angesicht Wünsche mitgeteilt, wird Vertrauen und Reputation aufgebaut; so hat die Bedarfsökonomie kaum Informationsprobleme.

Die Marktökonomie ist komplex. Sie orientiert sich

nicht am eigentlichen Bedarf, sondern ausschließlich an der durch den Marktmechanismus selbst geschaffenen monetären Nachfrage. Man produziert das, was man am besten kann, und muss sich dabei immer mehr spezialisieren. Gemäß Theorie gewinnt dabei jenes Unternehmen, das dank hoher Absatzmengen tiefe Stückkosten erreicht und somit zu den günstigsten Preisen anbieten kann.

In der heutigen Zeit des Überflusses werden die meisten Güter mit Prestige aufgeladen, um sie als »etwas Besonderes«[3] darzustellen. Das erfordert einen erheblichen Marketingaufwand. Hohe Werbekosten lohnen sich für ein Produkt aber nur, wenn man möglichst viele Exemplare verkauft. So sind die Unternehmen am Markt laufend bemüht, ihre Absatzmärkte abzugrasen und zu vergrößern. Das kostet Geld und bindet viele Ressourcen. Beim Nahrungsmittelmulti Nestlé kommen zum Beispiel auf zehn Schweizer Franken Produktionskosten weitere 6,18 Schweizer Franken für Werbung und Vertrieb hinzu.[4] Bei Luxusgütern oder Arzneimitteln ist der Anteil dieser Kosten noch weit höher.

Die globalisierte Marktwirtschaft produziert weit über den Bedarf hinaus und trägt in den westlichen Ländern nichts mehr zur Lebenszufriedenheit bei. Diese ist bereits seit den frühen siebziger Jahren nicht mehr gestiegen, obschon sich das BIP pro Kopf in dieser Zeitspanne gut verdoppelt hat. Auch in einem weltweiten Vergleich[5] zeigt sich, dass das Maximum an Zufriedenheit bei einem BIP pro Kopf von rund 30000

PPP-US-Dollar (PPP = *purchasing power parity*, kaufkraftbereinigt) erreicht wird. Die Schweiz und die USA sind aktuell etwa bei 60 000 PPP-Dollar angelangt.

Die Marktwirtschaft produziert für die westlichen Länder etwa doppelt so viel, wie effektiv gebraucht wird, um glücklich zu sein. Ein beträchtlicher Teil dieser Überproduktion dient aber nicht dem Konsum, sondern der Bewältigung der zunehmenden Komplexität der Marktwirtschaft – immer mehr Transport, Werbung, Umverteilungsbürokratie usw. Auch der Konsum geht in der Marktwirtschaft immer weiter über den Bedarf hinaus. Das funktioniert, weil die Werbung die Statusängste der Konsumenten gezielt anspricht, also den Drang, in den Augen der anderen gut dazustehen. Je ungleicher die Einkommen verteilt sind, desto höher steigt in allen sozialen Stufen die Statusempfindlichkeit. Das zeigt eine 31 europäische Länder umfassende Studie[6] der Soziologen Christopher Whelan und Richard Layte auf. Die Soziologen Pickett und Wilkinson schreiben entsprechend in ihrem Buch *The Inner Level*:[7] »Um diese Statusängste zu besänftigen, geben die Leute in ungleichen Gesellschaften mehr Geld für Statusgüter aus, sie arbeiten länger und verschulden sich mehr, wenn sie versuchen, erfolgreich zu erscheinen.«

In relativ egalitären Ländern mit wenig ausgeprägtem Statusgefälle zeigt sich ein weiteres Phänomen, das zum BIP-Wachstum beiträgt: die krankhafte Konsumsucht. Dazu gibt es einige Studien. Verena Maag von der Hochschule für Sozialarbeit in Bern untersuchte die Kaufsucht in der Schweiz.[8] Die Soziologin interviewte

705 Schweizerinnen und Schweizer zu ihrem Kaufverhalten. Das Ergebnis war, dass 5 Prozent der befragten Personen in hohem Maß kaufsüchtig sind, das heißt, sie haben den Drang zum Kaufen nicht unter Kontrolle, auch dann nicht, wenn sie sich dadurch verschulden. Weitere 33 Prozent der Befragten tendieren zu unkontrolliertem Konsum; sie kaufen etwa, um dem unerfreulichen Alltag zu entkommen, um sich zu entspannen (35 Prozent) oder weil etwas billig angeboten wird (26 Prozent).

Ein Vergleich dieser Erhebung von 2003 mit einer 1995 in der Stadt Zürich durchgeführten Studie[9] zeigt, dass der Anteil der Kaufsüchtigen sich seither beinahe verdoppelt hat. Und das Ende der Fahnenstange ist noch nicht erreicht. Der Anteil der Kaufsüchtigen in Deutschland vergrößerte sich allein von 2010 auf 2012 von 7 auf 12 Prozent, stellte eine Studie der Universität Friedrichshafen am Bodensee fest.[10]

Diese Entwicklung wird von zwei Aspekten befeuert, einerseits durch die neue Möglichkeit des Online-Shoppings rund um die Uhr, andererseits durch die zunehmende Verarmung der sozialen Beziehungen. »Andere haben Freunde, ich habe meine Kleider«, sagt eine kaufsüchtige Managerin im Interview mit der *SonntagsZeitung*.[11] Sie habe einen Lagerraum mieten müssen. 20 000 bis 30 000 Schweizer Franken habe sie monatlich ausgegeben. »Ich habe immer mit der Kreditkarte bezahlt in der festen Überzeugung, Ende Monat alles begleichen zu können.«

Doch die inneren Zwänge der Marktwirtschaft haben

noch weit schwerwiegendere Folgen. Für die breite Gesellschaft wird der Standortwettbewerb zunehmend zum Problem. Ein guter Standort bedeutet Lohneinsparungen, Staatsausgaben werden reduziert, öffentliche Dienste privatisiert und ausgedünnt, das heißt, die Bedürfnisse der Gemeinschaft werden unterdrückt. Der Standortwettbewerb führt unmittelbar zur einseitigen Verteilung der Einkommen. In Deutschland etwa sanken seit 1991 die verfügbaren Einkommen des ärmsten Zehntels real um 10 Prozent, während diejenigen des reichsten Zehntels um 30 Prozent gestiegen sind.[12]

Wo hohe Kaufkraft anfällt, können Bedürfnisse gedeckt werden. Das gilt aber selten für alle. Überall, auch in der westlichen Welt, nimmt die Ungleichheit dramatisch zu. Wenig Begüterte können mangels Kaufkraft ihre Bedürfnisse nicht mehr anmelden. In Regionen mit hoher Arbeitslosigkeit ist die fehlende Befriedigung vieler Bedürfnisse offensichtlich. Man sieht Menschen mit mangelhafter oder mangelnder Ernährung, verlotterte Häuser, es fehlt an Infrastruktur, die Schulen sind schlecht, die Kriminalität hoch und so fort.

Im Modus der Bedarfsökonomie wären die Arbeitslosen selbst tätig geworden, beziehungsweise die Menschen würden einer Produktionsgemeinschaft angehören, die sich um die eigenen Bedürfnisse kümmert, und wären nicht arbeitslos.

In der Marktökonomie müssen die Arbeitenden zuerst etwas herstellen, was von Dritten nachgefragt wird, damit sie mit dem Erlös die eigenen Bedürfnisse befriedigen können. Dazu brauchen sie aber zuvor einen Investor, der ihre Arbeit organisiert und die Produktion vermarktet. Um Investoren anzulocken, betreibt jede Region inzwischen ein Standortmarketing, das global tätige Unternehmen mit günstigem Land, Investitionskrediten und Steuersenkungen dazu bringt, in ihr tätig zu werden. Mit den daraus resultierenden meist tiefen Löhnen und Steuern können dann wenigstens einige der oben erwähnten Bedürfnisse befriedigt werden. Der größte Teil des monetären Mehrwerts geht jedoch an die Investoren und wird irgendwo anders konsumiert. Einmal mehr erhöht sich die Ungleichheit. Aus evolutionärer Sicht ist das ein ziemlich absurdes Arrangement.

Das heißt, dass der Markt beim Erkennen von Bedürfnissen große Defizite hat. Er betreibt viel Aufwand, kann aber nur spezifische Bedürfnisse mit einem herben Enttäuschungspotenzial für die übrigen befriedigen. Und was die spezifischen Bedürfnisse betrifft, schießt er gleichsam mit Kanonen auf Spatzen. Dieses Missverhältnis ist allerdings auch eine organisatorische Frage. Markt ist nicht gleich Markt; es kommt auch auf die Spielregeln an.

Spezialisierung, Arbeitsteilung, Konkurrenz, enorme Produktivitätsgewinne – bei diesen Aspekten kann der Markt seine großen Fähigkeiten entfalten. Mit der gigantischen Erhöhung der Gewinne ist der Markt ein wahres Füllhorn.

Aber wir schauen nicht mehr genau hin, was alles in diesem Füllhorn steckt, denn wir haben uns zu sehr an die Marktwirtschaft gewöhnt. Wir unterscheiden nicht mehr zwischen Jagd und Beute. Kein Wunder, denn das, was wir Bruttoinlandsprodukt (BIP) nennen, misst nicht die Beute. Das BIP repräsentiert den Preis, den wir mit unseren Anstrengungen am Markt erlösen können. Diese sehr verkürzte Sichtweise hat den Vorteil, dass sich alles zum BIP hinzuzählen lässt, was im Verlauf eines Jahres produziert wird. Dennoch gibt es zumindest einen kurzfristigen Zusammenhang zwischen Anstrengung und Beute: Wenn das BIP (die Summe der Anstrengungen) in einem Jahr um 5 Prozent steigt, dürften auch die Erträge und somit der Wohlstand um etwa 5 Prozent gestiegen sein. Doch der Wohlstand zeigt lediglich auf, was sich eine Gesellschaft leisten kann; das hat noch nichts mit ihrem Wohlbefinden zu tun. Wenn wir die Effizienz des Markts mit derjenigen der Bedarfsökonomie vergleichen wollen, ist das BIP kein passender Maßstab. Für unser Vorhaben müssen wir Jagd und Beute, Anstrengung und Ertrag unterscheiden. Nur so öffnen wir unseren Blick für die Kosten des Marktes.

Beginnen wir mit den Transportkosten. Je weiter die Spezialisierung aufgefächert ist und je mehr Produktionsstandorte involviert sind, desto höher sind die Transportkosten. Produkte und deren Bestandteile reisen teilweise vielfach um den Globus. Von der Rohstoffgewinnung über Stufen der Veredelung und Herstellung der Bestandteile bis zur Endfertigung der Produkte, die dann über Verteillager und Shops endlich zu den Kundinnen und Kunden gelangen, werden unglaubliche Strecken zurückgelegt. Das bedeutet nicht nur Transportkosten, sondern belastet die Umwelt, was wiederum Kosten generiert.

Die volkswirtschaflichen Kosten des Transports sind schwer zu schätzen. Als kleiner Anhaltspunkt mag die Information dienen, dass ein durchschnittlicher Haushalt im deutschsprachigem Raum rund 8,2 Prozent seines Budgets für Verkehrsausgaben auslegt. Der zeitliche Aufwand für unsere Arbeitswege ist da nicht mit eingerechnet. Auch die werden immer länger; zwei Stunden Weg für sechs Stunden bezahlte Arbeit sind heute keine Seltenheit mehr. Dazu kommen die Transportkosten, die in die Preise der konsumierten Produkte und Dienstleistungen einkalkuliert sind und mitbezahlt werden.

Weitere Kosten entstehen durch Warenschwund. Bei großen Distanzen und langen Lagerzeiten kann dieser beträchtlich sein. Etwa bei Lebensmitteln beläuft sich der Verlust durchschnittlich auf 33 Prozent der Warenmenge, errechnete die Food and Agriculture Organization (FAO).[13] Andere Quellen kommen gar auf 50 Prozent.[14] Natürlich gibt es auch bei der Produktion für den Eigenbedarf Verluste, aber diese sind wesentlich geringer.

Eine weitere Schwachstelle des Markts ist die Arbeitsteilung. Wenn wir aus eigenem Antrieb zum eigenen Nutzen etwas tun, braucht uns niemand erst aufzufordern. Sind wir jedoch ein kleines Rädchen in einer unüberschaubaren Maschinerie, die Dinge ausspuckt, welche wir letztlich gar nicht in Händen halten, kann unser Einsatz schon mal erlahmen. Als Gegenmaßnahme werden Überwachung und Kontrolle eingesetzt, meist gepaart mit ausgeklügelten Anreiz- oder Sanktionssystemen. Doch auch die müssen erst entwickelt und gewartet werden.

Die beiden US-amerikanischen Ökonomen Arjun Jayadev und Samuel Bowles quantifizierten die gesamte Kontrollbranche inklusive Polizei und Justiz.[15] Wichtigste Erkenntnis ihrer Untersuchungen von 2006 war: Je ungleicher das BIP verteilt ist, desto mehr wird kontrolliert. Nach ihren Berechnungen für 18 industrialisierte Länder schwankt der Anteil der Kontrolljobs zwischen 9,7 Prozent in der Schweiz und 24,6 Prozent in Griechenland. Dazwischen liegen Österreich mit 12,6, Holland mit 15,7 und die USA mit 22,6 Prozent, wovon rekordhohe 1,4 Prozentpunkte auf Gefängnisse entfallen.

Der Finanzsektor ist die wichtigste und teuerste Kontrollinstanz der Marktwirtschaft. Geld muss verwaltet werden; Geldforderungen gehören gestellt und eingetrieben. Je ungleicher die Einkommen und Vermögen verteilt sind, desto höher sind die Kosten für die Verwaltung, Vermehrung und Umschichtung der zunehmenden Vermögen der Reichen.

In den USA haben die Privathaushalte ein Arbeitseinkommen von jährlich rund 10000 Milliarden Dollar, das Bruttovermögen beträgt aber gut das Elffache, nämlich 112000 Milliarden.[16] Das bedeutet, dass man mit der Verwaltung und dem Umschichten von bestehenden Vermögen sehr viel mehr und vor allem leichter Geld verdienen kann als mit produktiver Arbeit. Und das erklärt, warum in den USA der Anteil der Finanz- und Immobilienbranche an der nationalen Wertschöpfung seit Mitte der sechziger Jahre von rund 7 auf 24 Prozent gestiegen ist; die Bauwirtschaft ist nicht mitgerechnet.[17]

Auch in der volkswirtschaftlichen Gesamtrechnung Deutschlands hinterlässt der bürokratische Überbau der Marktwirtschaft seine Spuren. Zwar schlagen die reinen Finanzdienstleistungen nur mit knapp 4 Prozent des BIP zu Buche, doch dazu kommen noch 10,5 Prozent für die Sparte »Grundstücks- und Wohnungswesen« (wohlverstanden ohne Bausektor) und 11,6 Prozent des BIP für die Unternehmensdienstleistungen. Die Vorleistungen werden nicht extra ausgewiesen.

In Österreich betragen die Finanz- und Versicherungsdienstleistungen ebenfalls rund 4 Prozent. Wesentlich höheren Anteil hat die Branche in der Schweiz. Analysiert man die volkswirtschaftliche Gesamtrechnung für 2019, kommt man auf 9,1 Prozent für die Banken plus 6,7 Prozent für die Versicherungen und Pensionskassen. Das bringt uns auf 21,5 Prozent des BIP oder etwa auf die Größenordnung der USA. Die USA und die Schweiz sind allerdings globale Finanzzentren, die Finanzdienstleistungen exportieren. Auch wenn die Statistiken in den verschiedenen Ländern nur schwer vergleichbar sind, so deuten sie doch zumindest an, dass ziemlich viel Sand in den Getrieben der Marktwirtschaft steckt. Und dabei haben wir noch kein Wort von der Bürokratie der Arbeitsmärkte gesagt: In der Bedarfsökonomie muss niemand angestellt oder entlassen werden; jede und jeder weiß, was zu tun ist. Vielleicht muss zuweilen etwas gesellschaftlicher Druck auf Faulenzer ausgeübt werden. Der Arbeitsmarkt ist hingegen viel komplizierter und generiert hohe Kosten. Hunderte von Bewerbungen auf eine ausgeschriebene Stelle sind heute keine Seltenheit mehr. Das muss erst mal gesichtet werden. Darauf folgen meist mehrere Runden Bewerbungsgespräche. Es gibt Personalabteilungen schon in mittleren Unternehmen, private Personalvermittler, Gewerkschaften und staatliche Arbeitsämter. Aber nicht nur bei den Arbeitgebern fallen Kosten an. In Deutschland beschäftigt allein die Bundesagentur für Arbeit rund 100000 Mitarbeiterinnen und Mitarbeiter. In Ländern wie Italien, Spanien oder Griechenland verbringen inzwischen viele Menschen mehr Zeit mit der Suche nach bezahlter Arbeit als mit dem Arbeiten selbst.

In der Bedarfsökonomie sind die Bedürfnisse bekannt, der Informationskreislauf ist geschlossen und direkt. Wenn an der Verbraucherfront etwas nicht stimmt, weiß die Produktion sofort Bescheid; Konsumentinnen und Produzentinnen sind ja nahezu identisch. Im Marktmodus hingegen läuft die Rückkoppelung oft über Dutzende von Stellen. Das führt zu Zeitverzögerungen und Fehlinformationen, die den ganzen Vorteil der Arbeitsteilung und Spezialisierung zunichtemachen können. Der Informationsverlust ist also ein weiterer gravierender Kostenpunkt.

Die Lebensmittelproduktion liefert anschauliche Beispiele dafür. Einst beobachteten die Bäuerinnen und Bauern genau, wie sich ihre Arbeit etwa auf die Fruchtbarkeit des Bodens und die Gesundheit des Nutzviehs auswirkte. Sie entwickelten dafür ein Sensorium. Sie konnten unmittelbar mit den nötigen Gegenmaßnahmen reagieren. Heute ist die Bauernschaft am Gängelband der Agromultis. Diese liefern die Pestizide und gentechnisch darauf abgestimmtes Saatgut inklusive Anleitung, wie ihre Produkte dosiert und wann das Saatgut aus- und die Ernte eingebracht werden muss. Nicht mehr die Bäuerin oder der Bauer auf dem Land entscheidet, sondern Marktstrategen und Wissenschafterinnen in Konzernzentralen.

In der Theorie verspricht das Vorgehen rekordhohe Ernten. Oft lassen sich diese aber nicht realisieren. In Brasilien untersuchten Wissenschaftlerinnen und Wissenschaftler der Universität São Paulo 2015 die Erträge aus dem Sojaanbau. Mit konventionellem Saatgut verdienten die Sojabauern durchschnittlich umgerechnet 91 Euro pro Hektar. Wenige Ernten nach der Umstellung auf Roundup Ready, das gentechnisch veränderte Soja von Monsanto, drückte ein dagegen resistenter Sojaschädling den Ertrag auf 31 Euro pro Hektar. Nachdem diese Information in der Chefetage angekommen war, entwickelte Monsanto ein neues Saatgut namens Intacta. Damit konnte der Ertrag immerhin wieder auf 82 Euro gesteigert werden – bis der nächste resistente Schädling auftaucht.[18]

Dieses und ähnliche Beispiele illustrieren ein generelles Problem. Dem globalen Markt fehlt die Verbindung zur Natur. In der Bedarfsökonomie können Gärtnerinnen und Bauern auf unerwünschte Einflüsse direkt und angepasst reagieren. Die Klaviatur der Agrarmultis ist hingegen viel beschränkter; sie können nur den Einsatz ihrer Kunstdünger und ihrer Pestizide erhöhen. Hilft das nicht, verlagern sie ihre Produktion dorthin, wo die Natur noch grün und die Umweltstandards tief sind.

Je globaler der Markt ist, desto weniger stimmen die Knappheitssignale des Markts mit denen der Natur überein. Die Kluft ist riesig. So brauchen etwa durchschnittliche Schweizerinnen und Schweizer gut 8 Prozent ihres Finanzbudgets für Verkehrsausgaben. Doch mit ihrem Verkehrsverhalten belasten sie das weltweite Klima mit 400 Prozent dessen, was ihnen nachhaltig zur Verfügung stünde, wenn alle Menschen das Klima gleich stark beanspruchen würden, errechnete der Ökobilanzierer Gabor Doka.[19]

Der vermutlich wichtigste Punkt ist folgender: Im Marktmodus zählt nur der Ertrag beziehungsweise der Gewinn unterm Strich. Entsprechend wird auch die Arbeit organisiert. Bei der Bedarfsökonomie zählt dagegen auch die Arbeit selbst. Deren Verrichtung soll auch Spaß machen und befriedigen. Bei indigenen Völkern kommt es durchaus vor, dass bei der Arbeit gesungen oder getanzt wird. Im Marktmodus wird dagegen der Spaß an der Arbeit wegrationalisiert. Aus evolutionärer Sicht ist das keine intelligente Rationalisierung; das beweist unter anderem die steigende Ausbreitung psychischer Erkrankungen.

Gemäß Carel van Schaik und Kai Michel[20] kommen diese Unterschiede daher, dass wir uns in der Marktwirtschaft in einer antrainierten, aber nie ganz verinnerlichten Umgebung bewegen (müssen), während in der Bedarfswirtschaft der soziale Austausch durch die angeborenen Gefühle, Reaktionen und Vorlieben erfolgt. Van Schaik und Michel sprechen dabei von einer »ersten Natur«; zu der gehören »so unterschiedliche Neigungen wie Liebe zwischen Eltern und Kindern, der Sinn für Fairness und die Empörung über Ungerechtigkeit und Ungleichheit, der Abscheu gegenüber Inzucht und Kindstötung, die Furcht vor Fremden, die Sorge um die eigene Reputation, das Gefühl, sich anderen nach Geschenken und erhaltener Hilfe verpflichtet zu fühlen, die Eifersucht, der Ekel«.

Also alles paletti in der Bedarfswirtschaft? Nein. Die angeborene Furcht vor Fremden hat die Menschheit über Hunderttausende von Jahren daran gehindert, mit Unbekannten in großen Gruppen zusammenzuarbeiten. Wir haben viel Kraft mit gewalttätigen Auseinandersetzungen verpufft. Mit der Erfindung der Marktwirtschaft haben wir ein Instrument in die Hand bekommen, mit dem wir diese latent immer noch vorhandene Furcht vor den Fremden beherrschen können: Wettbewerb und Geld ersetzen Vertrauen.

Das zeigt sich beispielhaft am Problem der Verteilung der Beute: In der Bedarfswirtschaft wird man per Geburt Teil einer Bedarfs- und Produktionsgemeinschaft. Wie viel jede einzelne Person erhält, hängt von der Zugehörigkeit zur Gemeinschaft und der sozialen Stellung ab. Die individuelle Leistung ist jedoch kaum maßgebend. Man erspart sich die Mühe, diese zu bewerten. Wichtig ist letztlich nur, die Beute so zu verteilen, dass alle überleben und die (Re-)Produktionskraft der Sippe erhalten bleibt.

Im Marktmodus gilt dagegen der Grundsatz, dass jede Person das verdient, was sie zum gemeinsamen Produkt beiträgt, wobei dieser Beitrag vom Markt bemessen wird. Letztlich ist die Verteilung eine Frage der Marktmacht, und diese zeitigt zunehmend ungleiche Verhältnisse. Beispielsweise gingen 2011 in Deutschland 4,1 Prozent aller Markteinkommen an die ärmsten 30 Prozent der Haushalte. Das reichste Zehntel bekam ein Drittel (31,3 Prozent). Und auf die 30 Prozent Reichsten entfielen 63,2 Prozent. Sie verdienten somit rund fünfzehnmal so viel wie die ärmsten 30 Prozent.[21] In der Schweiz und in den USA herrschen ungefähr dieselben Einkommensverhältnisse. Rund 30 Prozent kommen dem reichsten Zehntel zu, nur wenige Prozent dem ärmsten Drittel.[22] Diese Zahlen beziehen sich auf Haushalte. Betrachtet man einzelne Personen, ist die Verteilung noch viel einseitiger. Da in modernen Gesellschaften Frauen und Männer im Schnitt nur während gut eines Drittels ihres Berufslebens überhaupt ein Erwerbseinkommen haben, ergeben sich noch größere Unterschiede. Es ist offensichtlich, dass die Beuteverteilung des Markts nicht evolutionstauglich ist. Ohne staatliche Umverteilung könnte nur ein kleiner Teil der Bevölkerung überleben.

Noch vor ein paar Jahrzehnten wäre niemand auf die Idee gekommen, alle unsere produktiven Tätigkeiten wie etwa Kochen, Betreuung und Unterhaltung über den Markt zu regeln. Auch die Verteilung der Erträge hätte man ihm nicht überlassen. Der Markt stützte sich von jeher auf ergänzende Verteilungsinstitutionen. Am Anfang war das vor allem die Großfamilie, die auch einen ansehnlichen Teil der produktiven Tätigkeiten wie Lebensmittelherstellung, Textilfabrikation und so fort übernahm. Auch die Altersvorsorge war lange Zeit Sache der familiären Solidarität.

Inzwischen hat der Staat viele Aufgaben übernommen, übernehmen müssen – denn die Wirtschaft fordert eine flexible Arbeitnehmerschaft. Der Sozialstaat sorgt nun dafür, dass die während einer relativ kurzen Lebensspanne anfallenden Markteinkommen auf das ganze Leben verteilt werden, also auch im Alter, bei Krankheit und Arbeitslosigkeit. Zudem entlastet der Staat die Familien bei der Erziehung der Kinder – dies etwa durch öffentliche Schulen, Kindergeld, Schulärzte und so fort.

Das sind weder systemwidrige Eingriffe, noch ist es eine staatliche Umverteilung von Reich zu Arm. Vielmehr handelt es sich bei den Einrichtungen um unverzichtbare Institutionen. Der Markt ist auf die Kaufkraft auch derjenigen Teile der Bevölkerung angewiesen, die am Arbeitsmarkt nicht teilnehmen.

Bei den staatlichen Institutionen handelt es sich um eigentliche Versicherungslösungen. Die sind darauf angewiesen, dass alle mitmachen, egal, wie sie ihr Risiko einschätzen. Deshalb muss der Staat hier gesetzgeberisch eingreifen. Das ist auch mit einem hohen bürokratischen Aufwand verbunden, den der Staat aber nicht alleine leistet. Vor allem Empfängerinnen und

Empfänger der Leistungen und deren Angehörige sind gefordert; sie müssen Formulare ausfüllen, Zeugnisse einholen, nach einem abschlägigen Bescheid Rückkommensanträge stellen, vor Schaltern Schlange stehen und so fort. Die durchschnittliche Akte eines Hartz-4-Haushaltes soll 650 Seiten dick sein.[23] Unter dem Strich kommt der Verdacht auf, dass die Marktwirtschaft etwa den Wirkungsgrad einer Kohlefadenlampe[24] hat: viel nutzlose Abwärme und wenig Licht. Das könnte auch den Irrtum von Keynes erklären. Er prophezeite 1930, dass seine Enkel in hundert Jahren bloß noch fünfzehn Stunden pro Woche arbeiten müssten, um ihre Bedürfnisse zu befriedigen.[25] Seither fragen sich Ökonominnen und Ökonomen, warum sich Keynes dermaßen geirrt hat. Keynes selbst hatte eine Vorahnung: »Für lange Zeiten wird der alte Adam in uns noch so mächtig sein, dass jedermann wünschen wird, irgendeine Arbeit zu tun, um zufrieden sein zu können.«

Keynes' Erklärungsversuch wurde rund neunzig Jahre später durch David Graeber präzisiert. In seinem Buch *Bullshit-Jobs*[26] erklärt der Anthropologe, dass wir heute mit der Kombination von Arbeitsdrang und technologischem Fortschritt nicht mehr in einer Marktwirtschaft leben, so wie sich das Keynes vorstellte. Stattdessen seien wir in den Feudalismus zurückgefallen. Im Feudalismus organisiert eine Minderheit die Arbeit der Massen und schöpft den Mehrwert ab. Die neue Oberschicht sind die von den Finanzmärkten eingesetzten Topmanager, Experten und Berater. Diese Feudalherren demonstrieren ihre Macht, indem sie möglichst viel Personal haben – auch wenn sie deren Arbeit eigentlich nicht brauchen. Nach Graeber empfinden heute rund 40 Prozent der Arbeitnehmerinnen und -nehmer ihre Arbeit als wertlos.

Folgt man Graeber, so hat das Füllhorn des technologischen Fortschritts im wörtlichen Sinne widernatürliche Folgen. Seine Untersuchung bezieht sich auf die USA. Die meisten Menschen nähmen an, ihren Wohlstand verdienen zu müssen, indem sie sich mit sinnloser Arbeit selbst bestraften. In der Arbeitswelt würden deshalb oft sadomasochistische Beziehungen herrschen. Wem bewusst sei, wie überflüssig sein Job eigentlich sei, habe doppelt Angst, ihn zu verlieren. Daher lasse man sich von Vorgesetzten viel zu viel bieten, was diese ihrerseits gerne ausnützten. Daraus entstehe auch ein kollektiver Neid auf alle, die noch eine sinnvolle Arbeit verrichteten. Das erkläre die tiefen Löhne in der Raumpflege, beim Gesundheitspersonal, im Verkauf, in der Agrarwirtschaft und bei der Lehrerschaft.

In seinem Artikel »The Zero-Sum Economy« erklärt der Ökonom Adair Turner das Keynes'sche Fünfzehnstundenrätsel mit der starken Zunahme von Nullsummen-Wettbewerben.[27] Darunter versteht der Chef des Institute for New Economic Thinking[28] unter anderem die Arbeit von Juristen, Börsenhändlern, Vermögensverwaltern, Werbern und so fort. Deren Arbeit trägt meist nichts zur Verbesserung des Wohlstands bei, sondern dient bloß dazu, Mitbewerber auszustechen. Ja sogar Lehrerinnen und Lehrer fallen in diese Kategorie, wenn sie ihre Schülerinnen und Schüler auf Diplome vorbereiten, die bloß dazu dienen, andere Jobbewerberinnen und -bewerber zu verdrängen. Seine These belegt Turner mit einer Studie, nach der in den USA 35,6 Prozent aller Arbeitskräfte im Management, in der Administration und in den Finanz- und Unternehmensdienstleistungen tätig sind. Die eigentliche Produktion hingegen beschäftigt in den entwickelten Volkswirtschaften typischerweise nur noch 12 Prozent der Arbeitnehmerinnen und Arbeitnehmer. Sie arbeiten in der Regel hart und nicht selten unter dem Existenzminimum. So ermöglichen sie Megagewinne der »Schokoladenbranchen«, in denen der Wettbewerb durch die Bildung von Monopolen weitgehend ausgeschaltet ist.

Keynes erkannte zwar richtig, dass beim heutigen Stand der Technik fünfzehn bezahlte Arbeitsstunden pro Woche genügen könnten. Doch brauchen wir weitere zwanzig Stunden, um die zunehmende Komplexität des Systems zu beherrschen. Das hat Keynes übersehen. Die Erklärungsversuche schließen sich nicht gegenseitig aus, sondern beleuchten unterschiedliche Facetten desselben psychologischen Phänomens: Wir Menschen neigen zu Arbeitswut und Raffgier und streben so nach dem guten Leben.

Gut zu leben, bedeutet, seine Bedürfnisse befriedigt zu erhalten. Um dies zu erreichen, versuchten Marktökonomen und -ökonominnen bisher ausschließlich, die Organisation des Markts effizienter zu gestalten. Sie zogen einfach nicht in Erwägung, wenigstens einzelne Bedürfnisse auf dem Weg der geldlosen Bedarfsökonomie zu befriedigen. Genauso wenig überlegten sie, wie man diesen Teil der Wirtschaft auf einen modernen Stand der Technologie und der Sozialwissenschaften bringen könnte. Doch in Anbetracht dieser nicht ausgeschöpften Möglichkeiten und mit Blick auf die enorm hohen Kosten des Markts hat sich zumindest die Beweislast umgekehrt: Wir können davon ausgehen, dass eine moderne Bedarfsökonomie unsere Bedürfnisse zum Teil besser zu befriedigen vermag. Wer dafür in Zukunft weiterhin Marktlösungen bevorzugt, muss gute Argumente haben.

Solche Argumente gibt es durchaus. Die Kosten des Markts könnten drastisch gesenkt und sein Nutzen verbessert werden, würde man ihm notwendige Institutionen zur Seite stellen. Von ihnen hängt ab, wie effizient oder ineffizient – im Sinne der Evolution – eine Marktwirtschaft ist.

6

DIE INSTITUTIONEN DES MARKTES

Der Mensch ist in den ersten Jahren seines Lebens vollkommen abhängig von seinen Mitmenschen. Auch im Erwachsenenalter existiert er nicht auf sich alleine gestellt, sondern steht in Abhängigkeitsverhältnissen und sozialen Verpflichtungen. Das führt dazu, dass das Verhalten der Menschen untereinander vorhersehbar und verlässlich ist. Außerdem bildet sich so das Vertrauensfundament einer Gesellschaft.

Die Interaktion zwischen den Menschen bedeutet eine große intellektuelle Anstrengung. Das hat eine Auswirkung auf das Mengenverhältnis von Gehirn und Körper. Der britische Psychologe Robin Dunbar[1] stellte fest, je größer eine Gruppe von Säugetieren sei, desto mehr wiege auch das Gehirn im Verhältnis zum Gesamtkörpergewicht. Unsere nächsten Verwandten in der Tierwelt, die Schimpansen, leben in Horden von etwa fünfzig Mitgliedern. Für die Menschen ermittelte Dunbar eine Anzahl von 150 Mitgliedern, die Dunbar-Zahl[2]. Sie entspricht der durchschnittlichen Gruppengröße für unsere sozialen Beziehungen.

Wie kommt der Mensch dann aber dazu, sein Schicksal in die Hände von Leuten zu legen, die er nicht kennt, mit denen weder Kontaktpflege noch soziale Kontrolle möglich ist? Weshalb vertrauen wir den Märkten? Warum leben wir heute in einer globalisierten, unüberschaubaren Welt?

Die Frage stellte sich erstmals zu Beginn des 19. Jahrhunderts in England. Damals begann etwas, was der ungarisch-österreichische Wirtschaftshistoriker Karl Polanyi[3] als die »große Transformation«[4] bezeichnete. Im Jahre 1834 schaffte die britische Regierung ein 1795 erlassenes Gesetz ab, das Speenhamland-Gesetz,[5] das den Industriearbeitern einen existenzsichernden Lohn zugesichert und damit den Erwerbsdruck gemindert hatte. Im Jahr zuvor, 1794, hatten die Briten auch das Recht erhalten, den Wohnort frei zu wechseln und in die Städte zu ziehen, wo sie eine Unterkunft mieten oder kaufen mussten. Das hatte die einschneidende Konsequenz, dass die Nachfrage nach Land stieg; so wurde Land zu einem lukrativen handelbaren Gut, dessen Preis auch heute noch in die Höhe schießt. Mit dem Umzug in die Städte musste dann auch die bisher weitgehende Selbstversorgung mit Nahrung aufgegeben werden: Lebensmittel wurden so ebenfalls immer weniger selbst hergestellt, sondern vielmehr eingekauft.

Ursprünglich sei die Wirtschaft in die Gesellschaft eingebettet gewesen, so Polanyi. Die Gemeinschaft strukturierte die produktiven Tätigkeiten und die Arbeitsteilung. Man wurde in eine Produktions- und Konsumgesellschaft hineingeboren. Doch die »große Transformation« änderte diese Konstante grundlegend. Damit wurde der Vermarktung von Arbeit, Nahrung und Boden Tür und Tor geöffnet.

Das Verhältnis kehrte sich um. Von nun an übernahm die Wirtschaft die Organisation der Gesellschaft. Sie richtete sich nun ausschließlich nach den Erfordernissen einer konkurrenzfähigen Produktion. Eine Marktgesellschaft entstand. Fortan musste man sich mit seinen Leistungen immer wieder neu erfinden und bewähren. Seitdem befindet sich der Mensch in einem beständigen Wettbewerb. Der Preis dafür ist hoch, weil das keineswegs im Einklang mit seiner genetischen Ausstattung ist.

Die »große Transformation« brachte allerdings auch neue Freiheiten. Erst die Männer, später auch die Frauen konnten sich aus dem engen Korsett der Familie oder der Sippe lösen. Finanzielle Unabhängigkeit des Einzelnen wurde möglich, weil die Wirtschaft prosperierte; die Spezialisierungen entwickelten und verfeinerten sich, dadurch hatten Innovationen große Chancen, und die Massenproduktion führte zu erheblichen Skalenerträgen. Der materielle Wohlstand nahm innerhalb von Jahrzehnten rasant zu. Das Wirtschaftswachstum wurde in einem historisch einmaligen Ausmaß beschleunigt.

Doch noch einmal die Frage: Wie kam der Mensch dazu, sich von Fremden völlig abhängig zu machen, es zuzulassen, dass er auf Leute angewiesen war, die nicht in das eigene soziale Netz eingebunden waren, mit denen es keine Verbindlichkeiten, keine gemeinsamen Interessen gab, über die keine Kontrolle bestand?

Der Wirtschaftswissenschaftler Paul Seabright[6] schreibt in seinem Buch über die »Gesellschaft der Unbekannten«,[7] die Arbeitsteilung habe evolutionäre Vorteile: Teilung des Risikos, Spezialisierung und Anhäufung von Wissen und Kapital. Nachteile sieht er auch, etwa in der Spezialisierung, die eine extreme Abhängigkeit von Unbekannten schaffe. Damit sich die Arbeitsteilung durchsetzen könne, müsse diese Abhängigkeit erträglich gemacht werden. Dafür habe sich evolutionär die »starke Reziprozität«[8] herausgebildet. Im Tierreich, etwa bei Primaten, kommt Reziprozität ebenfalls vor. Dabei handelt es sich um den genetisch programmierten Drang, Schwache und Verlierer zu schützen und Schmarotzer auch dann zu bestrafen, wenn man dafür selbst Opfer erbringen muss.

Das Prinzip der Gegenseitigkeit war für die Entstehung der Marktwirtschaft entscheidend. Der Markt und die starke Reziprozität seien eng miteinander verknüpft, so Seabright. Die Wirkung dieses menschlichen Verhaltens hängt davon ab, ob die Spielregeln zur Bestrafung von Schmarotzern überhaupt existieren; die Schwachen müssen eine Handhabe gegen die Starken haben.

Wie soll das funktionieren? Der Markt agiert ja weitgehend anonym. Seine Teilnehmerinnen und Teilnehmer spezialisieren sich und setzen sich damit dem Risiko aus, dass ihre Spezialisierung über kurz oder lang nicht mehr benötigt wird. So droht Arbeitslosigkeit oder ein Markteinkommen weit unter dem Existenzminimum. Weshalb konnten sich anonyme, internationale Märkte bilden, denen wir schutzlos ausgeliefert sind? Warum wurden damit die Dunbar-Gesetzmäßigkeiten der Gruppengröße derart ausgehebelt?

Der Anthropologe Alan Page Fiske[9] hat darauf eine Antwort. In seiner Arbeit stellte er fest, dass der Mensch – als einzige Spezies – vor schätzungsweise 7000 Jahren begann, in Relationen zu denken.[10] Das ist eine entscheidende Fähigkeit, um im Marktmodus zu interagieren. Um ein Beispiel einer solchen Relation zu geben: Im Modus der Gegenseitigkeit finden wir es unfair, wenn die Finanzberatung pro Stunde dreimal so viel kostet, wie wir in derselben Zeit verdienen. Im Marktmodus erscheint uns dieser Ansatz als gerechtfertigt, weil er »nur« Promilleanteile des verwalteten Vermögens ausmacht.

All die Nachteile, Kontrollverluste, Kosten und Risiken lohnen sich aus evolutionärer Sicht, wenn Mechanismen des Ausgleichs geschaffen werden. Das heißt, Profiteure müssten gezügelt, Vergeltung müsste geübt und Verlierer müssten unterstützt werden. Und all diese Maßnahmen müssten fair sein. Das entspräche dem Gesellschaftsvertrag, der dem Markt zugrunde liegen sollte.

Dazu sind Institutionen wie Gerichte und Sozialwerke notwendig, aber auch ein Geldsystem, das den Tauschwert des Geldes sichert, sowie demokratische Regeln und Kontrollen. Zudem ist es wichtig, dass die Spielregeln immer ein Strafmaß für Schmarotzer und Betrügerinnen vorsehen.[11] All dies ist nur auf der Ebene von Nationalstaaten möglich. Ihnen obliegt grundsätzlich die Aufgabe, das Vertrauenskapital zu erhalten. Erodiert dieses, muss jeglicher Anspruch vor Gericht erstritten werden können.

Damit sind wir bei einem Thema angelangt, das sowohl in der Wirtschaftsgeschichte als auch in der Theorie eine zentrale Rolle spielt: das Gleichgewicht der Kräfte. Es ist eine Voraussetzung für das Entstehen und

Gedeihen einer Marktwirtschaft. Märkte können nur dann prosperieren, wenn vorab oder gleichzeitig vertrauensbildende Institutionen geschaffen werden. Diese setzen wiederum voraus, dass potenzielle Verlierer und Verliererinnen die Möglichkeit haben, sich zu wehren; Ausbeutung und egoistisches Verhalten müssen geahndet werden können.

Generell lässt sich sagen, dass das Überleben einer Marktgesellschaft davon abhängig ist, wie intakt ihre vertrauensbildenden Institutionen sind. Das ist eine Frage des Gleichgewichts der sozialen Kräfte. Diesen Gleichgewichtsgedanken legt der US-amerikanische Wirtschaftshistoriker John P. Powelson in seinem Buch *Centuries of Economic Endeavor* dar. »Der wahre Grund für die wirtschaftliche Entwicklung liegt nicht in ökonomischen Faktoren wie Land, Arbeit und Kapital – und auch nicht in sozialen Kräften wie Bildung, Religion und Unternehmergeist. Nein, all dies entfaltet erst seine Wirkung, wenn die meisten Menschen gelernt haben, dass es sich lohnt, gerecht und mitfühlend zu seinen Nachbarn zu sein, Streit friedlich zu regeln, für seine Taten verantwortlich zu sein und sich den Regeln und Usanzen zu unterwerfen, die zwischen den interessierten Parteien ausgehandelt worden sind.«[12]

Wie kommt es dazu, dass sich diese Einstellungen entwickeln? Powelson nennt dieses Geschehen *»power diffusion process«,* einen Prozess der wechselseitigen Machtverflechtung. »Die Tatsache, dass sich Fürsten, Könige und Kirchen in Westeuropa und Japan gegenseitig um die Macht stritten, gab den Bauern die Möglichkeit, sich der einen oder anderen Seite anzuschließen und – im Falle des gemeinsamen Sieges – auf Zugeständnisse zu dringen. Bei einer Niederlage konnte man auf die nächste Auseinandersetzung warten. Dieser Prozess der Machterosion wiederholte sich im Verlaufe der Jahrhunderte immer wieder und führte schließlich zu einer immer gleichmäßigeren Machtverteilung, gleichmäßig in dem Sinne, dass immer mehr untergeordnete Gruppierungen in die Lage versetzt wurden, die Interessen ihrer übergeordneten Verbündeten zu unterstützen und dabei ihrerseits Macht zu erlangen.«[13]

Powelson betont die Bedeutung der Institutionen, sie würden die Machtverteilung ausgleichen und stabilisierten sie. »Auf diese Weise wurde das Geldwesen entwickelt, das Handels- und Gesellschaftsrecht, eine Staatsbürokratie und schließlich die parlamentarische Demokratie. All das passt zusammen wie die Teile eines Puzzles – und wenn man auch nur ein Teil entfernt, bricht das ganze System zusammen. Doch weil daran alle wichtigen gesellschaftlichen Gruppierungen ein Interesse haben, bleibt das System stabil.«

Powelson bezieht sich in einigen seiner Thesen auf den Historiker Fernand Braudel[14]. In dessen 1981 erschienenem Werk *Civilisation matérielle, économie et capitalisme*[15] unterscheidet Braudel drei Stockwerke der Ökonomie. Das Parterre entspreche der Bedarfsökonomie. Enge, Undurchsichtigkeit und Willkür kennzeichneten es.

Doch die Menschen wüssten durch Erfahrung, dass nur ein Mindestmaß an Solidarität das Leben erträglich und angenehm mache, so Powelson. Dieses Wissen durch Erfahrung führe dazu, dass sich Regeln des Zusammenlebens herausbildeten, und zwar die Regeln, die im ersten Stock dann zum Tragen kämen.

Die *économie de proximité,* die Ökonomie der Nähe, bilde den Stock oberhalb der Bedarfsökonomie: Die Menschen sind einander nachbarschaftlich verbunden. Ihre Interaktionen beruhen auf Gegenseitigkeit. Und keiner ist übermächtig und kann anderen Bedingungen aufzwingen. Das Fundament bilden klare Regeln und Kontrollinstanzen, auf die sich jede und jeder berufen kann. Es lohnt sich für die einzelnen Mitglieder der Gemeinschaft, solidarisch zu sein und sich eine gute Reputation aufzubauen, aber auch Initiative zu ergreifen und Verantwortung zu übernehmen.

Die *économie-monde*, die Weltwirtschaft, ist der zweite Stock. Er sei ein Spielfeld von wenigen Großen und Mächtigen, die keinen Regeln gehorchten. Die Player hätten zwar unter sich einen Ehrenkodex und träfen Abmachungen. Doch die kenne außer ihnen keiner. Sie sind unvergleichlich mächtig, über-mächtig, und müssen deshalb gegenüber ihren Mitarbeitern und Mitarbeiterinnen, der Kundschaft und den Lieferanten keine Reputation aufbauen. Diese Mächtigen verbindet keine gegenseitige Abhängigkeit. Sie treffen sich kaum von Angesicht zu Angesicht. Die Machtausübung wird delegiert. In dieser dünnen Höhenluft herrschen keinerlei Beißhemmungen.

Braudel unterteilt die Marktwirtschaft in diese beiden oberen Stockwerke. Den ersten zeichnet das Charakteristikum der räumlichen Nähe aus und den zweiten das der wirtschaftlichen Macht. So ist die Ökonomie der Nähe eine Marktwirtschaft, in der Missbrauch bestraft werden kann und in der man aufeinander achtet. In der Weltwirtschaft gibt es dagegen keine Sanktionsmöglichkeiten. Braudel ahnte, dass die globalisierte, enthemmte Wirtschaft das Vertrauenskapital unserer Gesellschaften auflösen, dass die Weltwirtschaft die Ökonomie der Nähe zunichtemachen könnte.

Powelson und Braudel sind nicht die Einzigen, die in dieser Richtung gedacht und geforscht haben. Die beiden US-amerikanischen Ökonomen Daron Acemoğlu vom MIT und James A. Robinson von der Harvard University verfechten ähnliche Thesen. In der Einführung zu ihrem gemeinsamen Buch[16] schreiben sie: »Warum sind einige Nationen reich und die anderen arm? Ist es die Kultur, das Wetter, die Geografie, die richtige oder falsche Wirtschaftspolitik? Sicher nicht. Nein, Erfolg oder Misserfolg hängen allein von den politischen Institutionen ab.« Entscheidend seien die »inklusiven Institutionen«, die es »allen ermöglichen, am wirtschaftlichen Fortschritt teilzuhaben«. Dazu gehöre, wie sie etwa am Beispiel von Südkorea zeigen, eine Regierung, »die sich für die große Masse der Leute verantwortlich fühlt und von dieser auch zur Verantwortung gezogen werden kann«.

Letztendlich geht es um die Sicherung von Vertrauen, sowohl für die Akteure als auch in den Institutionen. Vertrauen kann nur dann entstehen und Bestand haben, wenn Missbrauch sanktioniert wird. Und der Vertrauensgewinn steigt mit beständigen sozialen Beziehungen. Für unsere sozialen Beziehungen wenden wir evolutionsbedingt täglich rund zwei Stunden auf.

Auch produktive und reproduktive Tätigkeiten nutzen wir für den Unterhalt unserer sozialen Beziehungen. Das mag aus rein ökonomischer Sicht ineffizient erscheinen, doch der beiläufige Smalltalk mit all seinen Verbindlichkeiten dient hauptsächlich der evolutionären Fitness. Unser Belohnungssystem ist jedenfalls darauf konditioniert. Andernfalls hätten wie weder Spaß an sozialer Interaktion, noch würden wir unter sozialem Ausschluss so leiden wie an physischen Schmerzen. Soziale Ächtung ist darum auch die effektivste Art der Bestrafung von Schmarotzern. Einzig die Spezies Mensch ist in der Lage, soziale Institutionen entstehen zu lassen, die Sanktionen und Vergeltung ausüben können.

Die Wirtschaft können wir also in die drei von Powelson beschriebenen Sphären einteilen. In der jeweils etwa 500 Personen umfassenden Bedarfsökonomie steuert die Evolution die Produktion so, dass das Vertrauen gleichsam als Nebenprodukt entsteht. Die Verteilung des Gewinns erfolgt nach den von Fiske beschriebenen Verhaltensmodalitäten Gemeinschaft, Hierarchie und Reziprozität so, dass die Überlebenschancen der Gemeinschaft maximiert werden.

Die zweite Sphäre ist die der regionalen und nationalen Marktwirtschaft, der Ökonomie der Nähe. Wir gehen nicht mehr bei jedem Gegenüber davon aus, dass es sich verbindlich benimmt und unser Vertrauen nicht missbraucht. Es sind inklusive Institutionen vorhanden, die notfalls Missstände beheben, die Gerechtigkeit wiederherstellen und Profiteure bestrafen. Das kostet die Gesellschaft etwas, und die nötige Korrektur hin zu einer evolutionstauglichen Gewinnverteilung ist aufwendig.[17]

Die dritte Sphäre ist die Weltwirtschaft. Ihr fehlen die inklusiven Institutionen weitgehend. Bei den herrschenden Machtverhältnissen in der globalisierten Welt von heute werden Nationalstaaten gezielt geschwächt. Vor allem die Umverteilung der Markteinkommen wird durch den Wettbewerb der Standorte erheblich verzerrt: Hohe Sozialabgaben und Steuern gelten als Standortnachteil. Das steigert die einseitige Verteilung von Einkommen und Vermögen immer weiter, was nicht nur die Marktwirtschaft, sondern zunehmend auch die Demokratien gefährdet.

Obwohl dies immer offensichtlicher geworden ist und es inzwischen viele einschlägige Studien[18] dazu gibt, wird von Wirtschaftswissenschaftlern weiterhin der Glaube gepredigt, das freie Spiel von Angebot und Nachfrage werde jeden Missbrauch bestrafen. Bei freier Entfaltung des vollkommenen Markts stelle sich das Gleichgewicht der Kräfte von selbst ein.

Die Ökonomielehre pocht weiter auf »vollständige Konkurrenz«. Doch kaum ein Marktteilnehmer hat auch nur annähernd eine Handhabe, Machtkonzentration durch Konkurrenz zu entschärfen. Dennoch orientiert man sich an der Utopie des vollkommenen Markts, in der das Vertrauen durch den Markt selbst hergestellt werde. Andere Institutionen als die des Markts selbst brauche es nicht. Man verzichtet sozusagen auf die Größe des Vertrauens.

Diese Lehre funktioniert auch aus einem anderen Grund nicht. Sich einem anonymen Mechanismus zu unterwerfen, sieht unsere evolutionäre Prägung schlicht nicht vor. Wohl kann der Mensch für ihn nachteilige Regeln oder Entscheidungen akzeptieren. Das kann er aber nur, wenn sie auf eine nachvollziehbare Weise zustande gekommen sind. Zudem stört selbst im Idealfall eines gut funktionierenden Markts die oft enorme Dauer, bis Missbrauch bestraft und ausgeglichen wird.

Dass sich dennoch die unmenschliche und weltfremde Marktideologie so hartnäckig hält, hat einen einfachen Grund: Sie nützt Mächtigen und Schmarotzern. Diese nutzen die langen Zeiträume bis zur allfälligen Herstellung von Gerechtigkeit hemmungslos aus. Und sie nehmen Einfluss auf die öffentliche Meinung und manipulieren sie zu ihren Gunsten. Das gelingt ihnen durch ihre finanzielle Potenz – und dem Sex-Appeal des Reichtums. Die neoliberalen und libertären Fantasien einer Gesellschaft ohne staatliche Gegengewalt blühen umso wilder, je höher die Konzentration des Reichtums ausfällt.

Auf dem Acker des Reichtums gedeihen auch Utopien um *smart contracts*[19], die aktuell als Kryptowährungen en vogue sind. Nick Szabo ist einer der Vordenker dieser Philosophie.[20] In seinem Blog nimmt er Bezug auf die Dunbar-Zahl und auf den Zusammenhang von Hirngröße und sozialer Interaktion. Die Blockchain-Technologie biete die Möglichkeit, das Vertrauen zu vervielfältigen *(social scalability of trust)*; sich selbst erfüllende Verträge machten Vertrauensgewinnung überflüssig, weil die gegenseitigen Verpflichtungen exakt definiert und die Pflichten durch einen nicht abänderbaren Blockchain-Algorithmus erfüllt seien. Auf diese Weise könnten »kulturelle Hindernisse« wie Sprache, Gesetze und Gepflogenheiten überwunden werden. »The more an institution depends on local laws, customs, or language, the less socially scalable it is.« (Je mehr die Institutionen von lokalen Gesetzen, Gewohnheiten und Sprachen abhängen, desto weniger können sie auf andere Gebiete und Personengruppen ausgedehnt werden.)

Szabo lässt außer Acht, dass Menschen auf den sozialen Austausch angewiesen sind. Dieser dient nicht nur dem Vertrauensgewinn, sondern nährt die sozialen Beziehungen. Dazu sind wir genetisch bestimmt. Um sich dagegen einem abstrakten (Markt-)Mechanismus oder (Blockchain-)Algorithmus auszuliefern, dazu sind wir durch die Evolution weder befähigt noch geschaffen.

Wir brauchen das Gefühl von sozialer Sicherheit. Und diese muss – um in Braudels Bild zu bleiben – von unten her aufgebaut werden. Heute wird es von oben her zerstört. Die geldlose Bedarfsökonomie bleibt die Grundlage der Gesellschaft. Hier werden die für das kollektive Überleben wichtigen Verhaltensmuster wie Gemeinschaft, Hierarchie und Gegenseitigkeit erfahren und eingeübt.

Die Ökonomie der Nähe benötigt die Skalierung des Vertrauens. Ihre inklusiven Institutionen müssen sich immer wieder neu den veränderten Produktionstechniken anpassen. Die Wirtschaft muss sich ständig neu organisieren können, ohne dabei die Gesellschaft zu desorganisieren.

Dieser Balanceakt wird mit der zunehmenden Globalisierung, der Weltwirtschaft, laufend erschwert. Handel wird nicht mehr zwischen den Nationen, international, abgewickelt, sondern hat sich mit dem Übergang vom GATT- zum WTO-Regime zunehmend ein eigenes Regelwerk geschaffen.[21] Auf diese Weise werden nicht nur die nationalen inklusiven Institutionen geschwächt, sondern auch die geldlose Bedarfsökonomie.

Es geht also darum, das auf dem Kopf stehende Wirtschafts- und Gesellschaftssystem wieder auf die Füße zu stellen. Das ist kein Weg zurück, schon gar nicht in die Steinzeit, im Gegenteil. Angesichts der Verschiebungen in unserer Bedürfnishierarchie, des Abschieds von der Schwerindustrie, der drohenden Umweltkatastrophen, der Klimakrise und der neuen Produktionstechnologien benötigen wir eine neue Wirtschaftsordnung, die wieder von unten her aufgebaut ist und ein stabiles Fundament hat.

DIE REDIMENSIO-NIERUNG DES MARKTES

Der Markt hat sich entwickelt und etabliert. Doch fehlt uns noch die Weisheit, vernünftig damit umzugehen, ihm vernünftige Regeln und Grenzen zu implantieren. Offensichtlich befinden wir uns noch in einer Phase von Versuch und Irrtum – das richtige Verhältnis von Selbsterhaltung und Markt haben wir noch nicht gefunden. Mit der Industrialisierung kam es zu Reibungen an den Schnittstellen von Markt- und Bedarfsökonomie, von Fabrik und Familie. Das ist bis heute nicht anders. Die meisten unserer sozialen Probleme ergeben sich aus den Auswirkungen des globalen Marktgeschehens, durch welche die Institutionen der Bedarfsökonomie geschwächt werden. Die von den Marktkräften geforderte und von Staaten zugestandene Flexibilisierung der Arbeit zerstört zunehmend Familien und Nachbarschaften. Wer arbeitslos wird, riskiert den Ausschluss aus der Gesellschaft.

Unternehmen, Arbeitgeberinnen und Arbeitgeber können ihren Mitarbeiterinnen und Mitarbeitern also indirekt mit sozialem Ausschluss drohen und Löhne zum Teil sogar unter das Existenzminimum drücken. Und weil man mit einem Niedriglohn oder etwa mit Hartz IV weniger konsumieren und sich keine anständige Wohnung, kein Auto und keine Ferien leisten kann, somit weniger konsumiert, nimmt die bezahlte Arbeit weiter ab. Die Politik lässt zu, dass Löhne gesenkt werden, macht Steuergeschenke und stellt globalen Firmen Land zur Verfügung. Die von Deutschlands Bundeskanzlerin Angela Merkel geforderte »marktkonforme Demokratie«[1] wird immer mehr zur Realität. Der globale Handel lässt Investoren freie Hand, unbehelligt von lokaler oder nationaler Politik.

Wie kommen wir wieder aus diesem Teufelskreis der Umverteilung heraus? Wie können wir die Verarmung breiter Bevölkerungsschichten auch bei uns aufhalten? Die Probleme liegen auf dem Tisch. Die Welt leidet an einer gravierenden Überdosis Marktwirtschaft. Als Gegenmittel schlagen wir eine Stärkung und Neuetablierung von Bedarfsökonomie vor. Bedarfsökonomie bildet sich in überschaubaren Gruppen aus. Die Menschen müssen lernen, sich so zu organisieren, dass sie auch selbst dafür verantwortlich sind, die eigenen Bedürfnisse zu erkennen und befriedigen zu können. Das schließt Marktwirtschaft nicht aus. Der Markt wird aber kleinräumiger sein und eher auf lokalen Währungen basieren.

Der Weg dorthin ist nicht leicht. Wirtschaftswissenschaftler und Wirtschaftstheoretikerinnen sind sich in aller Regel nicht bewusst, dass Wirtschaft mehr als Markt ist. Zu den wenigen Ausnahmen gehört die US-amerikanische Wissenschaftlerin Neva Goodwin.[2] In ihrem Aufsatz »There Is More Than One Economy«[3] unterscheidet sie Kernwirtschaft *(core economy)*, Staatswirtschaft *(public purpose economy)* und private Marktwirtschaft *(private business economy)*. Doch mit solchen Forschungsthemen schafft man es weder an eine Universität von Weltrang noch in eine renommierte Zeitschrift. Goodwin arbeitet in Boston am Global Development and Environment Institute der Tufts University.[4] Ihr Text ist in der alternativen Zeitschrift *Real World Economics Review*[5] erschienen.

Bezeichnend für die enge Optik der etablierten Ökonomie ist eine Metapher des US-amerikanischen Juristen und Politologen Robert Reich[6]. Der als sehr marktkritisch geltende Reich spricht in seinen Vorträgen in Anlehnung an das iPhone häufiger vom »iEverything«: »Stellen Sie sich vor, es gibt ein Ding, das funktioniert wie Aladins Wunderlampe. Du äußerst deinen Wunsch, und zack! fällt dir das Gewünschte vor die Füße. Das einzige Problem dabei ist, dass niemand da ist, der in der Lage ist, das Ding zu kaufen, denn weil das iEverything alles selbst macht und keine Löhne zahlen muss, fehlt die nötige Kaufkraft.«[7] Reich ist so sehr in seinem Marktdenken verhaftet, dass er die eigene Metapher nicht versteht. Wenn wir – dank diesem iEverything oder eben der Bedarfsökonomie – unsere Bedürfnisse selbst befriedigen können, brauchen wir gar keine Kaufkraft.

So wie Reich denken heute beinahe alle im Bereich der Ökonomik und der Wirtschaftspolitik. Sie beobachten, wie der technologische Fortschritt immer mehr Leuten die bezahlte Arbeit und damit das Erwerbseinkommen wegnimmt. Dieser Trend ist eindeutig. Etwa in Deutschland ist seit 1992 die Arbeitsproduktivität pro Stunde um 34 Prozent gestiegen. Als Folge davon ist die Arbeitszeit der Beschäftigten im Durchschnitt um gut 13 Prozent oder 5 Wochenstunden gesunken. In der Schweiz ergab eine Produktivitätssteigerung von 30 Prozent einen Rückgang der Arbeitszeit um rund 2,5 Stunden pro Woche oder etwa 7 Prozent.

Die Erwerbsarbeit nimmt also ab. An ihrer Stelle steigt die Arbeitslosigkeit. Daher bemüht sich die Politik, möglichst viele Leute mit Standortbestimmungs- und Bewerbungskursen »in bezahlte Arbeit zu bringen«. Ein weiteres Rezept dafür ist, die Arbeitsmärkte zu flexibilisieren – so werden Arbeitszeitregelungen ausgeweitet und befristete Arbeitsverhältnisse salonfähig gemacht, um die Arbeit zu verbilligen. Durch Exportüberschüsse wird mehr als nötig produziert. Damit wird wohl Arbeit »geschaffen« – dies jedoch nur, weil sie anderen Ländern weggenommen wird. Denn die Exportüberschüsse eines Landes machen der Produktion in anderen Ländern Konkurrenz; dort rentiert es nicht mehr, jene Produkte selbst herzustellen. Deutschland und die Schweiz praktizieren das im großen Stil. Beide Länder steigerten ihre Überschüsse in der Leistungsbilanz seit 1992 laufend. Im Jahr 2019 betrugen die Überschüsse in Deutschland 7,3 Prozent, in der Schweiz 8,2 Prozent des BIP.[8] In Deutschland werden die Überschüsse hauptsächlich in der Automobil- und Maschinenindustrie realisiert, in der Schweiz durch die Pharmakonzerne. Das erklärt ein Stück weit, warum die starke Zunahme der Produktivität nur zu einem verhältnismäßig geringen Rückgang der bezahlten Arbeit führte: Der Arbeitsrückgang durch Automatisierung wird durch Überproduktion kompensiert.

Arbeit zu verbilligen hat noch einen absurderen Effekt. Die Verbilligung verschiebt Arbeit vom unbezahlten in den bezahlten Bereich – und entwertet sie damit; so betreiben wir keine eigenen Gemüsegärten mehr, sondern kaufen Produkte ein, die von Gastarbeitern in prekären Arbeitssituationen geerntet wurden; wir kochen nicht mehr selbst, sondern kaufen billig produzierten Convenience-Food; oder wir lassen unsere betagten Familienangehörige durch Billigst-Lohnarbeiterinnen aus dem Ausland betreuen.

Nach einer Studie über die Entwicklung der Arbeitsvolumen[9] in Deutschland hat die bezahlte Arbeit zwischen 1992 und 2013 um 3 Milliarden auf 66 Milliarden Stunden abgenommen. Gleichzeitig stieg die Erwerbstätigenziffer um 3,4 Millionen auf 42 257 Millionen. Das entspricht einer Arbeitszeitreduktion von 12 Prozent pro Person. Die unbezahlte Arbeit hingegen schrumpfte viel stärker, nämlich von 102 auf 89 Milliarden Stunden. Die Studie nennt dafür drei Gründe: Erstens erhöhte sich die Erwerbsbeteiligung der Frauen von 56 auf 69 Prozent. Zweitens sank die Zahl der Kinder unter 12 Jahren von 10,5 auf 8,3 Millionen. Drittens verstärkte sich der Trend, Hausarbeit zu ersetzen, wie gesagt etwa durch vorgefertigte Lebensmittel und Inanspruchnahme von externen Dienstleistungen, wie Haushaltshilfen und Kitas.

Signifikant ist auch die ansteigende Zahl der Beschäftigten von Kurier- und Paketdiensten in Deutschland – 2002 waren es 320 000, 2017 bereits 475 500 –[10] oder die Zehntausenden von Beschäftigten in den Verteilzentren von Amazon, Zalando und Otto. An den Beispielen der Lagerarbeiter bei Zalando oder der Kurierdienste zeigt sich auf eklatante Weise, wie volkswirtschaftlich unsinnig diese Entwicklung ist. Der Nutzwert dieser Arbeit ist äußerst gering. Notwendig wird sie, weil immer mehr Konsumentinnen und Konsumenten wegen unregelmäßiger Arbeitszeiten, langer Arbeitswege und hoher Mieten weit weg von Zentren wohnen und wenig Zeit zum Einkaufen haben. Innenstädte sowie Shoppingmalls haben durch die Kommerzialisierung und Gentrifizierung viel von ihrem Reiz als Begegnungsstätten verloren. Für viele sozial vereinsamte Menschen wurde das Shoppen im Internet zu einer Ersatzdroge. Man kauft ein, obwohl man nichts braucht. Das ist ein Grund dafür, dass bei Zalando jedes zweite Paket retourniert wird. Die Klagen über verspätete oder fehlgeleitete Zustellungen häufen sich. Ein typischer Eintrag im Internet, der sich für kurze Zeit unter dem Namen »lebecula« fand, aber inzwischen wieder gelöscht wurde, lautet: »Meine PipBoy Edition für PC war eine Woche in Deutschland unterwegs, von Nord nach Süd und umgekehrt, inkl. Zwischenstation in einer Bayrischen Bäckerei (ich wohne bei Berlin). Ergebnis: Paket war angeditscht, ebenso die PipBoy Edition. Hab sie dann zurückgehen lassen und mir die Standard gekauft im Markt nebenan.« Zusammengefasst, heißt das: viel Arbeit, viel Umweltverschmutzung, überhaupt keinen Nutzen.

Aufgrund dieses labilen und schlechten Nutzens darf das Ganze nicht viel kosten. Vernünftige Löhne lassen sich in dieser Entwicklung nicht mehr realisieren. Dazu ein Beispiel: Laut dem Deutschen Gewerkschaftsbund will Amazon die geplanten 700 bis 1000 Stellen im neuen Logistikzentrum in Garbsen bei Hannover zunächst mit Leiharbeitern besetzen. Später sollen dann 80 Prozent der Belegschaft fest und mit einem Stundenlohn von rund 10 Euro brutto eingestellt werden.[11] Faktisch werden damit mindestens 30 Prozent der volkswirtschaftlichen Lohnkosten auf den Staat abgewälzt, denn mit diesem Lohn kann man weder für das Alter vorsorgen noch Krankheitskosten bezahlen, geschweige denn Kinder großziehen.

Billigarbeiten unter solchen Umständen machen erwiesenermaßen krank. Sie werden von strengen hierarchischen Kontrollen, monotonen Arbeitsabläufen, fehlender Eigenverantwortung und Selbstbestimmung geprägt. Jeder Handgriff ist vorgeschrieben, alles ist festgelegt, jeder Handlungsablauf ist auf die Minute oder Sekunde durchgetaktet, inklusive Rauch- und Pinkelpausen.[12] Aus diesen Gründen und weil das Personal ständig wechselt, gibt es kaum Möglichkeiten sich am Arbeitsplatz ein soziales Netz, überhaupt Kontakte zu knüpfen. Das führt für den Einzelnen oder die Einzelne dazu, dass sie oder er trotz Job de facto sozial ausgegrenzt ist.

Neben den tiefen Löhnen fallen für die Arbeitgeber auch keine Umweltkosten aus dem Verkehr an, der sowohl durch Transporte als auch weite Arbeitswege induziert wird. Nur darum geht die Rechnung für das Unternehmen betriebswirtschaftlich auf. Das heißt, das

Unternehmen wirtschaftet auf Kosten des Staates, der Gesellschaft und der Umwelt.

Umgekehrt stellt sich die Frage, ob der Einkauf im Laden wirklich mehr Zeit als das Shoppen über das Internet kostet. Das Verkaufspersonal in den Läden ist zwar meist auch nicht gut bezahlt, hat aber Kundenkontakt. Die Kunden erhalten vom Personal oder auch von anderen Kunden Hinweise und Ratschläge oder zumindest ein Lächeln. Zudem machen erst Läden Quartiere und Innenstädte lebendig. Man stelle sich vor, man müsste alles im Internet besorgen – das würde uns nur unglücklicher machen. Im Jahr 2000 waren in Deutschland 7 Prozent der Arbeitsunfähigkeitstage durch psychische Erkrankungen bedingt. Beinahe verdoppelt hat sich diese Zahl bis ins Jahr 2013. Es ist eine neue Entwicklung, dass inzwischen mit 13 Prozent psychische Erkrankungen nach Muskel-/Skelett- und Atemwegserkrankungen der dritthäufigste Grund für Fehltage sind.[13] Im Jahr 2012 war mit 16,2 Prozent die Diagnose »unipolare Depression« der häufigste Grund für Frühverrentung in Deutschland.[14]

Ohne die Verteilzentren und Kurierdienste gäbe es noch mehr Arbeitslose. Es ist also kein Wunder, dass die Bemühungen, Leute in Jobs zu bringen, durch Umschulung, Weiterbildung, Vorbereitung auf Bewerbungsgespräche, Berufsberatung und so fort weiter verstärkt werden. In den letzten Jahren hat sich eine umfassende Arbeitsmarktindustrie entwickelt, die vom Kampf um die schwindende Erwerbsarbeit lebt. Wie kommen wir aus der Sackgasse wieder heraus? Auf diese Frage hat der Globalisierungskritiker Dani Rodrik[15] in seinem Artikel »Globalisation. New Deal on Labour Mobility«[16] eine verblüffend einfache Antwort formuliert: »The remedy is simply pursuing more inclusive policies«, Abhilfe bestehe also einfach darin, eine integrativere Politik zu verfolgen. Das heißt, in die Sprache der evolutionären Ökonomik übersetzt: Die Spielregeln des Marktes seien vermehrt so zu gestalten, dass die starke Reziprozität wirken kann. Schmarotzer müssten wieder bestraft und Verliererinnen und Verlierer entschädigt werden können. Rodrik denkt dabei vor allem an Maßnahmen und Institutionen, welche die Menschen in die Gesellschaft wieder einbeziehen, anstatt sie zu isolieren, also auszugrenzen. Seine Argumentation richtet sich gegen die These, wonach der globale Wettbewerb die Nationalstaaten dazu zwinge, ihre Sozialausgaben und den Schutz der Arbeitnehmerschaft abzubauen.

Was müssten Nationalstaaten für eine solche Trendwende konkret tun? Beginnen wir mit konventionellen Maßnahmen. Die Arbeitszeiten sanken, wie gesagt, seit 1992 im Mittel um gut 4 Stunden in Deutschland und um 2,5 Stunden in der Schweiz. In Deutschland arbeitet die durchschnittliche Erwerbsperson – Arbeitslose inbegriffen – jährlich 1300, in der Schweiz gut 1500 Stunden. Zieht man die für den Exportüberschuss »gestohlene« Arbeitszeit von rund 5 Prozent ab und verteilt die Arbeit auf 46 Wochen pro Jahr, ergibt dies eine 27- beziehungsweise 32-Stunden-Woche. Das ist genug Arbeit, um das herzustellen, was Deutsche oder Schweizer gegen Geld beziehen.

Doch die Normarbeitszeit ist bei 40 Stunden festgelegt. Schauen wir uns die Situation vor der Corona-Pandemie am Beispiel von Deutschland genauer an: Gemäß offiziellen Zahlen von 2018 liegt die Arbeitslosenquote in Deutschland bei tiefen 5,2 Prozent.[17] Wenn man genauer hinsieht, ist die Situation aber wesentlich prekärer. Ende 2017 hatten 13 Prozent keine oder nur eine geringfügige Beschäftigung von etwa 10 Stunden pro Woche. Ein weiteres Zehntel leistete ein Pensum von etwa 32 Stunden bei einem Bruttolohn von 2000 Euro oder weniger. Nur gut 10 Prozent, überwiegend Männer, bekleiden einen »normalen« Job mit 39,6 Wochenstunden und durchschnittlich 7500 Euro Bruttolohn.[18] Doch die Arbeit ist nicht nur im Inland ungerecht verteilt. Deutschland nimmt noch etwa 1,5 Millionen Menschen im Ausland die Arbeit mittels besagter Exportüberschüsse weg.

Warum also sollte man nicht die Normarbeitszeit der effektiv nötigen durchschnittlichen Arbeitszeit anpassen? Das wäre wohl die mit Abstand beste inklusive Maßnahme, wie sie Rodrik fordert. Und schließlich waren Arbeitszeitanpassungen bis in die achtziger Jahre eine Selbstverständlichkeit.

Das Verlorene wiederzubekommen ist nicht leicht. Obwohl dies der eigentlichen Marktlogik entspräche, wäre es in absehbarer Zeit politisch kaum durchsetzbar. Zudem kommen heute viele Arbeitnehmerinnen und Arbeitnehmer auch mit einem normalen Pensum finanziell kaum über die Runden. Sie verstünden es nicht, wenn Gewerkschaften etwa eine 30-Stunden-Woche forderten; es brauchte zugleich eine Anpassung der Löhne. So weit wird in der angewandten Ökonomik noch nicht gedacht. Mehr Erfolg versprechen deshalb Forderungen nach einer Lockerung des Arbeitszwangs, der an die Sozialleistungen geknüpft ist: Heute können Erwerbslose oder Sozialhilfebezüger gezwungen werden, an Programmen zur vorübergehenden Beschäftigung teilzunehmen, ansonsten verwirken sie den Anspruch auf Taggelder.

Die radikalste Form wäre ein bedingungsloses Grundeinkommen.[19] Diese Maßnahme ist zwar noch nicht mehrheitsfähig, aber es gibt darüber immerhin schon eine breite Diskussion und Zustimmung von links bis rechts.

Interessant und vielversprechend in diesem Zusammenhang sind Überlegungen zu einem »leicht bedingten Grundeinkommen«. Es geht um sinnvollere Bedingungen und eine breite Zugänglichkeit von verschiedenen möglichen Grundeinkommensarten oder Arbeitslosengeldern. Welche Arbeit ist zumutbar, um den Anspruch auf Arbeitslosengeld nicht zu riskieren? Denkbar wäre eine Regelung, wonach nur das als zumutbar gilt, was bei einem durchschnittlichen Pensum ein anständiges Auskommen ermöglicht. Der tägliche Arbeitsweg könnte beispielsweise auf maximal eine Stunde festgelegt werden; heute liegt er bei maximal vier Stunden. Um den Zwang zu einer bezahlten Beschäftigung um jeden Preis beziehungsweise zu jedem noch so tiefen Lohn weiter zu mildern, müssten die Renten der Alters- und Invalidenversicherung weitgehend unabhängig vom ursprünglichen Arbeitseinkommen ausgelegt werden. Auch wer auf dem Arbeitsmarkt ein schlechtes Los gezogen hat, soll im Alter nicht verarmen.

Alle diese Maßnahmen würden die Erpressbarkeit der schwächeren Marktteilnehmerinnen und -teilnehmer mildern und die Gewerkschaften stärken. So kann das Gleichgewicht der Kräfte wiederhergestellt werden. Im Idealfall genügt das, um eine einigermaßen ausgeglichene Lohnstruktur zu schaffen, so wie wir sie in den dreißig goldenen Jahren nach dem Zweiten Weltkrieg hatten. Das Zuverlässigste wäre jedoch ein gesetzlicher Mindestlohn. Dieser Mindestlohn müsste, evolutionären Kriterien entsprechend, genügen, einer Familie mit zwei Kindern ein angemessenes Auskommen zu sichern und Altersrenten zu finanzieren.

Was angemessen ist, hängt auch von der Leistungsfähigkeit der Wirtschaft ab, in die man eingebunden ist. Deutschlands Wirtschaft etwa ist sehr leistungsfähig. Mit jährlich 1300 Stunden Arbeit pro Erwerbsperson – rund 60 Milliarden Arbeitsstunden insgesamt – wird ein BIP von rund 3300 Milliarden Euro (2017) erarbeitet. Das sind etwa 55 Euro pro Stunde. Zieht man davon 30 Prozent für Investitionen beziehungsweise für Kapitalerträge ab, bleibt ein durchschnittlicher Stundenlohn von 36 Euro. Gemäß dem deutschen Statistischen Bundesamt konsumiert das reichste Fünftel rund 90 Prozent mehr als das ärmste.[20] Für die Verteilung des Konsums gilt in unseren Gesellschaften typischerweise ein Faktor von zwei – das reichste Fünftel konsumiert rund 90 Prozent mehr als das ärmste.[21] Auch wenn diese Spreizung des Konsums zunächst nicht dramatisch wirkt, ist sie aus evolutionärer Sicht jedoch problematisch. Die unteren Einkommensschichten haben weniger Kinder, eine schlechtere Gesundheit und eine deutlich kürzere Lebenserwartung. Eines der Grundübel moderner Marktwirtschaften besteht darin, dass die Einkommen, auch nach Steuern, sehr viel ungleicher verteilt sind als der Konsum. Beim Einkommen liegt die Spreizung bei gut vier oder gar fünf zu eins. Das bedeutet, dass sich die ärmeren Haushalte – über den Staat – laufend bei den Reichen verschulden müssen. Das ist das Grundmuster hinter der globalen Überschuldung, das sich überdeutlich mit der Corona-Pandemie zeigt: Die Reichen wurden noch reicher, und die Staaten müssen sich verschulden, etwa um den Beschäftigten in Gastronomie und Kultur über die Runden helfen zu können. Um diesen Trend zu brechen, müsste die Verteilung der Einkommen wieder derjenigen des Konsums angeglichen werden. Im Falle von Deutschland liefe das auf eine Lohnskala zwischen rund 25 Euro pro Stunde für das unterste und 47 Euro für das oberste Fünftel hinaus. Danach müsste der Mindestlohn für ungelernte Arbeitskräfte und Berufseinsteiger nahe bei 20 Euro netto liegen. Heute muss der Staat die Einkommen im Niedriglohnbereich mit Sozialhilfe ergänzen, was nicht nur eine gewaltige Bürokratie nach sich zieht, sondern sich auch auf die Psyche der Betroffenen schlägt. Die Anpassung der Löhne drängt sich auf, wenn die Wirtschaft die Befriedigung unserer Bedürfnisse bezwecken soll. Die konventionelle Wirtschaftswissenschaft würde einwenden, dass ein zu hoher Mindestlohn die globale Wettbewerbsfähigkeit und Hunderttausende von Jobs gefährde. Doch braucht es diese globale Wettbewerbsfähigkeit wirklich? Es wäre doch viel gescheiter – und die Umwelt würde es uns danken –, wenn wir uns in kleineren Wirtschaftsräumen versorgen würden. So wäre ein höherer Mindestlohn gar wünschenswert, um Konsum zu ermöglichen, der wiederum die Wirtschaft stärkt.

Produktion und Verteilung von Gütern und Dienstleistungen findet aus evolutionärer Sicht auf vielen Stufen statt, im engen Familienkreis, in der Sippe oder Nachbarschaft, also unter rund 500 Leuten, die sich zur gegenseitigen Hilfe verpflichtet fühlen, auf der Ebene des Staates als Anbieter von öffentlichen Dienstleistungen, auf der Ebene des Staates als Gemeinschaft zur Bewältigung der Risiken, die sich aus der Privatindustrie ergeben, und selbstverständlich auf der Ebene der Privatindustrie beziehungsweise der eigentlichen Marktwirtschaft.

Der überwiegende Teil der produktiven Tätigkeiten wird, wie gezeigt, nach wie vor in Familien und allenfalls noch in Nachbarschaften geleistet. Gemessen am Zeitaufwand, beansprucht die eigentliche Marktwirtschaft einen Anteil von etwa einem Viertel. Das generiert unser Markteinkommen, doch diese bezahlte Arbeit dominiert unsere Zeiteinteilung und unser Mobilitätsverhalten. Das schwächt wiederum zunehmend die produktive Kraft der Bedarfsökonomie in Familien und Nachbarschaften. Die meisten unserer wirtschaftspolitischen und sozialen Probleme entstehen durch diese unheilvolle Dominanz des Markts. Dem wäre allerdings nicht so, wenn wir den Markt intelligent organisierten. Wir sollten die Bedarfsökonomie in Familie und Nachbarschaft nicht weiter behindern, sondern aktiv fördern. Maßgebend dafür ist – das steht in keinem einschlägigen Lehrbuch – Raumplanung und Städtebau. Dieses wirtschaftspolitische Instrument lässt sich von der privaten oder genossenschaftlichen Stufe über die kommunale bis hin zur nationalen Ebene einsetzen. Damit kann sofort begonnen werden, ohne zuerst politische Mehrheiten schmieden zu müssen.

DER SCHLÜSSEL LIEGT IN DER NACHBAR-SCHAFT

Die Schweiz zählt 49 Agglomerationen, in denen – ohne die Kernstädte – rund 3,8 Millionen Menschen leben. Weitere 1,3 Millionen wohnen auf dem Land. In beiden Fällen ist, außer in der Landwirtschaft, meist das Arbeiten in der Nähe nicht möglich. Aber viele Stadtmenschen haben dasselbe Problem. Acht von zehn Erwerbstätigen in der Schweiz pendeln regelmäßig zur Arbeit. Etwas mehr als die Hälfte von ihnen benutzt dazu das Auto.[1] Ähnliche Entwicklungen sind überall in der westlichen Welt zu beobachten. Pendeln belastet, fördert Depressionen und andere psychische Krankheiten.[2]

Agglomerationen und dörfliche Strukturen sind in aller Regel unterversorgt. Weder kann in fußläufiger Distanz eingekauft werden, noch gibt es genügend Angebote, um sich zu zerstreuen und seinen Interessen nachzugehen. Früher kaufte man im Tante-Emma-Laden in der Nähe ein. Mit dem Ausbau der S-Bahnen, mit dem Siegeszug des Autos und dem des Internets wurden diese lokalen Strukturen zerstört. Das bedeutet letztlich, dass rund fünf Millionen Einwohnerinnen und Einwohner der Schweiz zwingend auf Verkehrsmittel angewiesen sind oder ein Auto brauchen, um sich zu versorgen, weil sie an sozial und kulturell verödeten Orten in reinen Schlafsiedlungen leben.

Wir geben etwa 8 Prozent unseres Einkommens für Verkehr aus, belasten damit aber unser Klima um das

Vierfache dessen, was uns im globalen Vergleich anteilmäßig zusteht. Und der Verkehr ist bei Weitem nicht die einzige Überlastung, die insbesondere von der westlichen Menschheit ausgeht. So zeigt beispielhaft die nachfolgende Tabelle »Umweltbelastung in der Schweiz« im Bereich Wohnen und Ernährung weitere gigantische Umweltbeeinträchtigungen. Die finanziellen Kosten sind dabei relativ tief. Verkehr, Nahrung und Wohnen bedingen sich gegenseitig. Wir sind viel unterwegs, weil wir abgelegen wohnen und damit einen großen Siedlungsraum beanspruchen. Da in solchen verödeten Gegenden zu wenig los ist, verbrauchen wir mehr Wohnraum, damit uns die Decke nicht auf den Kopf fällt. Zudem lassen wir Lebensmittel – und vieles andere – von weither kommen.

Das Stockholm Resilience Centre erforscht die Obergrenzen der planetaren Umweltbelastung und hält sie als »planetary boundaries« fest. Werden diese Obergrenzen überschritten, sind kritische Veränderungen des biophysikalischen Zustands unseres Planeten wahrscheinlich. Der Schweizer Ökobilanzexperte Gabor Doka hat acht relevante planetare Belastungsgrenzen ausgemacht – Klimawandel, Feinstaubbelastung, Verlust der Artenvielfalt, Überfrachtung mit Stickstoffverbindungen, Meeresüberdüngung mit Phosphor, Ozonschichtzerstörung, Süßwasserverbrauch sowie Abholzung von Wäldern – und sie mit Ökobilanzresultaten verknüpft und dafür die Bewertungsmethode Planetary Boundary Allowance (PBA'06) entwickelt. Daraus wurden die Werte in der nachfolgenden Tabelle errechnet.[3]

Umweltbelastung in der Schweiz		Anteile der Umweltbelastung		Effektive Belastungen	
				Umwelt	Finanzielle Kosten
Verkehr			40,8 %	403 %	8,2 %
	Straße	33,6 %			
	Flüge	6,6 %			
Wohnen			30,8 %	304 %	14,8 %
	Öl und Gas	19,1 %			
Ernährung			18,4 %	181 %	6,4 %
	Tierisches	8,1 %			
	Verpackung	5 %			
Elektrogeräte			3,2 %	33 %	
Internet			2,4 %	24 %	
Papier			2,1 %	21 %	
Diverse, Rest			2,3 %	23 %	
Total			**100 %**	**989 %**	

Offensichtlich ist insbesondere unsere Siedlungsstruktur, ökologisch gesehen, eine Katastrophe – noch unabhängig davon, dass sie die einen stark belastet und die anderen lähmt vor Langeweile. Wir wissen ja bereits, dass der Markt nicht (mehr) das Gelbe vom Ei ist; er kostet viel und ist nicht effektiv. Hier kann er die Probleme, die er verursacht, noch nicht mal erkennen; das sind seine blinden Flecken. Es geht also darum, den

Markt nach Möglichkeit zu umschiffen. Um all die Probleme von Verkehr, Nahrung, Wohnen und die Marktverhältnisse neu zu lösen, schlagen wir das Modell einer Siedlungsentwicklung vor, die den Markt, soweit es geht, meidet und mit einer auf Bedürfnisse ausgerichteten Ökonomie aufwartet. Damit benötigen wir weniger Geld, gewinnen mehr Freizeit, verbessern unsere Lebensqualität und halten sogar unseren ökologischen Einfluss enkeltauglich.

Am besten wird das Modell als Gesamtkonzept funktionieren. Bisher konnten jedoch nur Teile realisiert werden. Aus diesem Grund können keine präzisen Angaben zum ökologischen Gewinn gemacht werden. Das Modell verspricht allerdings eine massive Reduktion der Umweltbelastung. In Teilsegmenten ist alles, was darin vorkommt, längstens geprüft und als tauglich erkannt. Es bietet sich an, in der Umsetzung mit Blick aufs Gesamtkonzept Schritt für Schritt vorzugehen und mit einem Teilbereich zu starten. Jeder Schritt in die richtige Richtung ist ein Gewinn.

Die grundlegende Idee ist, die althergebrachte Ökonomie von Dörfern in die heutigen Agglomerationen und Städte einzufügen und diese Dorfwirtschaft mit den lokalen Bedürfnissen und Möglichkeiten zu verknüpfen. So können sich letztlich die Vorteile von urbanen und ruralen Strukturen miteinander verbinden und sich gegenseitig befruchten; darauf kommen wir noch.

Keine Ideologie, sondern reine Ökonomie ist das tragende Element. Die interne Wirtschaft sollte möglichst ohne jeglichen Marktfundamentalismus gestaltet werden. Dann haben wir eine Chance, dem ökologischen Anspruch auf eine enkeltaugliche Welt gerecht zu werden. Als willkommener Nebeneffekt entsteht wertvolles soziales Kapital; auch dazu unten mehr.

Wenn wir von Nachbarschaft sprechen, meinen wir damit nicht Anrainer. Vielmehr ist Nachbarschaft eine ökonomische Einheit, die von rund 500 Leuten gebildet wird, die minutennah fußläufig zueinander leben. Im Modellfall ist eine Nachbarschaft so dicht gebaut und so belebt wie ein Stück Altstadt, wie ein mittelalterlicher Marktfleck oder wie eine Blockrandsiedlung. Aber auch eine Besiedlungsstruktur nach dem Modell der Gartenstadt kann zu einer intakten Nachbarschaft transformiert werden.

Eine Nachbarschaft in diesem Sinne kommt dann zum Tragen, wenn einige Haushaltsfunktionen aus den Wohnungen ausgelagert und – wo nötig mit hochwertigem Gerät – in einem sogenannten Mikrozentrum angelegt werden. Dort können entsprechende Dienstleistungen in Anspruch genommen werden, die in heutigen Siedlungen weit verstreut sind.

Die wichtigsten Funktionen eines Mikrozentrums sind folgende: Es sollte ein Depot für die Dinge des täglichen Bedarfs geben, das vergleichbar mit einem Detailhandelsgeschäft für Lebensmittel, Reinigungsartikel und so fort ist. Doch im Unterschied zu einem Kaufladen ist das Depot nicht kommerziell ausgerichtet und rund um die Uhr zugänglich. Der Zugang und die Bezüge aus dem Depot können über ein Bezahlsystem mit

Prepaidkarten realisiert werden. Im österreichischen Losenstein gibt es zum Beispiel die Genossenschaft Ums Egg mit einem eigenen Laden. Sie gewährt ihren Mitgliedern über die eigentlichen Geschäftsöffnungszeiten hinaus mit einer Mitgliederkarte Zutritt. Die Karte dient gleichzeitig dazu, die bezogenen Artikel an der Selbstbedienungskasse zu bezahlen.

Sinnvoll ist eine interne Großküche. Sie wird als Vereinsküche für die Vereinsmitglieder und ihre allfälligen Gäste betrieben. Vereinsmitglieder sind die Bewohnerinnen und Bewohner der Nachbarschaft. Eine Vereinsküche kennt wesentlich weniger behördliche Auflagen. Es dürfen darin Mitglieder ohne Fachausbildung tätig werden.

Ein allgemeiner Aufenthalts- und Konsumationsbereich sollte mindestens zwei Essräume umfassen, einer für Kinder- und Lärmgewohnte und einer für Ruhe Liebende, eine Lounge und eine Bar. Ergänzt werden kann das Gastroensemble auch noch durch ein Fumoir. Und selbstverständlich gibt es eine Theke, an der sich, wer will, bedienen kann, wenn sie oder er lieber in den eigenen vier Wänden isst.

Eine Einrichtung für die familienexterne Kinderbetreuung sollte in der juristischen Form von Spielgruppen und Mittagstischen mit Bereichen unter freiem Himmel existieren. Das ersetzt eine Kita, die hohen Auflagen unterliegt, was den Betrieb aufwendig und damit teuer macht. Spielgruppen und Mittagstische können hingegen von den Eltern und Großeltern in eigener Regie betrieben werden.

Gästezimmer, die von allen genutzt werden können, sind sehr sinnvoll. Durch sie kann man die Grundflächen der Wohnungen und damit die Mietpreise tief halten. Und die Zimmer sind wesentlich besser ausgelastet, wenn sie nicht nur einer Wohnung, sondern einer Nachbarschaft zugeordnet sind.

Im ruralen Umfeld kommt die sogenannte Landbasis dazu. Das sind Agrarbetriebe in der näheren Umgebung, die Gemüse, Getreide, Früchte, Fleisch, Milchprodukte und auch etwa Getränke erzeugen. Die Produkte werden direkt ins Depot geliefert und können von der Großküche saisonbedingt so genutzt werden, dass möglichst keine Lebensmittel verschwendet oder weggeschmissen werden. Überproduktion kann haltbar gemacht werden als Vorrat für den Winter.

Je nach den Bedürfnissen der Nachbarschaft können weitere Funktionen integriert werden. Sie müssen nicht zwingend im Mikrozentrum, aber innerhalb der Nachbarschaft angesiedelt sein. Das könnten beispielsweise ein Bügel- und Nähraum, Gerätelager, eine Mediathek, Fitnesseinrichtungen, von Jugendlichen selbstverwaltete Räume, Außenflächen für Skateboarding sein.

Bei der Ausgestaltung der Funktionen und Dienstleistungen sollte der Bedarf innerhalb und im Umfeld der Nachbarschaft genau untersucht und analysiert werden. Zum Beispiel ist eine Sauna in Deutschland und in der Schweiz eher eine Quartiereinrichtung; in Finnland gehörte sie in die Nachbarschaft integriert.

Das Mikrozentrum der Nachbarschaft benötigt eine Fläche von 1000 bis 2000 Quadratmetern. Bricht man das auf die rund 500 Bewohnerinnen und Bewohner herunter, muss jede Person lediglich zwei bis vier Quadratmeter finanzieren, erhält aber dafür eine Vielzahl von Möglichkeiten, die im eigenen Haushalt niemals so großzügig und funktional eingerichtet werden könnten.

Im besten Fall grenzt eine Nachbarschaft an eine andere, die ebenfalls über ein Mikrozentrum und eine Landbasis verfügt. Und diese wiederum an eine weitere mit vergleichbarer Infrastruktur. Zwanzig bis vierzig Nachbarschaften bilden ein Quartier oder eine Kleinstadt. Auf dieser Ebene sind weitere Funktionen – heute oft schon bestehend – wie Schulen und Säle sinnvoll. Was an Quartierfunktion nicht zur Verfügung steht, kann in der einen oder anderen Nachbarschaft realisiert werden. Zum Beispiel könnte ein Dampfbad als Verein betrieben werden und allen oder nur interessierten Mitgliedern der Nachbarschaften offenstehen. Und das sind Menschen aus der unmittelbaren Nachbarschaft oder eben aus dem Quartier, sodass die Einzelne, der Einzelne sich als Teil einer bekannten Gemeinschaft für die Einrichtung mitverantwortlich fühlt.

Mit den Mikrozentren und der Quartierinfrastruktur können wir in fußläufiger Distanz Wohnen und Nahversorgung abdecken. Und wenn die Arbeit ebenfalls in der Nähe stattfinden kann, sparen wir im Bereich Verkehr richtig viel Zeit und Geld. Das ergibt wiederum eine große Mobilität. Denn die ist nur bei einer hohen Dichte möglich, also wenn eine hohe Diversität an Nutzungen und Funktionen gut erreichbar ist. Ist dem nicht so, wird hingegen mehr Verkehr verursacht, was Umwelt und Seelen belastet und viel Geld kostet.

Wenn die Grundbedürfnisse wie Essen, Pflegen, Erziehen und Betreuen marktwirtschaftlich erfüllt werden, sind sie kaum bezahlbar. Findet hingegen deren Erfüllung in den einzelnen Haushalten statt, sind viele Personen und ganze Familien massiv beansprucht oder auch überfordert. In einer Nachbarschaft hingegen können viele dieser Arbeiten kollektiv und marktfrei erledigt werden. So ist etwa die Kinderbetreuung einfacher und effektiver, wenn sie nicht in der Kernfamilie erfolgt. Zwei oder drei Erwachsene können eine ganze Gruppe von Kindern betreuen. Die Kinder beschäftigen sich miteinander und müssen viel weniger betreut werden. Für sie ist es besser, mit anderen Kindern zu spielen; sie eignen sich Sozialkompetenz an. Auch etwa das Kochen oder Abwaschen kann viel effektiver sein, wenn es nicht nur für eine bis vier Personen geschieht. Und Alleinstehende müssen sich nicht jeden Tag neu fragen, ob es sich überhaupt lohnt, nur für sich zu kochen.

In einer Nachbarschaft erledigen wir viele Arbeiten nicht mehr im eigenen Haushalt, sondern im Mikrozentrum. Um das unter 500 Menschen in Eigenregie zu realisieren, sind Regeln nötig. Es muss festgelegt sein, ob und wer welchen Beitrag in Eigenleistung zu erbringen hat. Selbstverständlich wird das kollektiv bestimmt. Dazu braucht es keine ellenlangen Vollversammlungen mit bitterem Ringen um Mehrheitsentscheide über Dinge, die nur wenige etwas angehen. Kleinere Arbeitskreise, die mit soziokratischen Methoden[4] arbeiten, haben sich als sinnvoll und effektiv erwiesen. Das sind bewährte Methoden, um sich in Gruppen konsequent selbst zu organisieren. Themen werden innerhalb von Arbeitskreisen bearbeitet, die wirkliche Mitsprache ermöglichen. Der Transfer von Entscheidungskompetenzen wird mit der sogenannten doppelten Verknüpfung bewerkstelligt. Zum Beispiel delegiert der Arbeitskreis Gastro je ein Mitglied in die Arbeitskreise Küche und Landbasis. Diese beiden Arbeitskreise delegieren ebenso je ein Mitglied in die anderen beiden Arbeitskreise. So werden die Anliegen aller Arbeitskreise vertreten, ohne dass jemand zwei Hüte tragen muss. Und die Beschlüsse können dort gefällt werden, wo die höchste Affinität zur Sache besteht.

Einzelne Vorschläge können in einem Arbeitskreis mit dem Konsentverfahren allgemeinverträglich besprochen werden. Im Gegensatz zum Konsensverfahren, bei dem alle dafür sein müssen, werden beim Konsentverfahren Entscheidungen dann getroffen, wenn nichts mehr gegen sie spricht. So wird von der Moderation jeweils die Frage gestellt: »Gibt es einen schwerwiegenden, begründbaren Einwand?« So können Optionen so weit optimiert werden, dass sie von allen mitgetragen werden.

Sind mehrere Optionen vorhanden oder muss eine größere Gruppe Beschlüsse mittragen, eignet sich die Methode des Systemischen Konsensierens.[5] Dabei wird die größte Ablehnung eruiert. Jene Option, bei der es am wenigsten zu Ablehnung kommt, wird umgesetzt.

In beiden Klärungsverfahren richtet sich der Fokus nicht auf die Zustimmung, sondern auf das, was dagegenspricht, auf Bedenken und Ablehnungen. Die Einwände finden Berücksichtigung und dienen der Verbesserung des Vorschlags. Solche Vorgehen können von Gruppen viel nachhaltiger getragen werden.

Das systemische Konsensieren ist keine Methode der Soziokratie. Sie kann aber leicht in einer soziokratisch organisierten Nachbarschaft integriert und gelebt werden.

Es gibt noch weitere effektive Methoden, eine Nachbarschaft zu organisieren.

Im Projekt SUSI[6], eine Siedlung in Freiburg im Breisgau, die 1993 entstand, hat sich eine sinnvolle Sitzungsstruktur seit Jahren etabliert. Sie funktioniert basisdemokratisch und ist hocheffizient. Einmal wöchentlich findet die Sitzung statt; die Tagesordnung wird zuvor intern publiziert. Wenn innerhalb der ersten Viertelstunde fünf Leute zugegen sind, können Entscheidungen gefällt werden. Sie werden umgehend intern publiziert. Fühlen sich Abwesende übergangen oder sind nicht einverstanden, kann das Thema nochmals auf die Tagesordnung gesetzt werden. Kommt es zu keiner Einigung, würde eine Vollversammlung einberufen, was bisher noch nie nötig war.

Eine organisatorisch praktische Möglichkeit liegt in der Etablierung einer Komplementärwährung. Wer Eigenleistungen erbringt, wird mit einer nachbarschaftseigenen Währung honoriert. Wenn nun die Wohnungsmiete zum Teil mit dieser Komplementärwährung bezahlt werden muss, wirkt das auch als Motivation, sich in die nachbarschaftliche Eigenarbeit zu schicken.

Wer handicapiert ist und keine oder nur beschränkte Leistungen erbringen kann, erhält ein Grundeinkommen und bezahlt damit den komplementären Mietzinsanteil. Kinder sind ausgenommen, Jugendliche werden schrittweise in dieses Eigenarbeitswährungssystem aufgenommen.

Wer die Eigenarbeit nicht leisten möchte oder nicht leisten kann – etwa weil die Erwerbsarbeit zu viel Zeit beansprucht –, kann seinen Einsatz gegen Entgelt in Staatswährung vergeben. So erhalten alle die für die Miete nötige Komplementärwährungsliquidität. Und wer den Einsatz übernimmt, wird für seine Arbeit bezahlt, erhält also sozusagen bezahlte Arbeit.

Apropos bezahlte Arbeit. Einige Tätigkeiten im Mikrozentrum sollten von Fachpersonen verrichtet werden. So braucht es etwa in der Küche und zur Bewirtschaftung der Verbrauchswaren Verantwortliche für Hygiene. Sie leiten andere an, etwa Nachbarinnen und Nachbarn, die ihr Pensum an Eigenarbeit verrichten. Fachpersonen mit didaktischer und sozialer Kompetenz sind auch auf der Landbasis unumgänglich, denn die Nachbarinnen und Nachbarn können ihren Eigenarbeitsanteil auch auf der Landbasis erfüllen.

Wie wir jetzt ja wissen, braucht es gesetzliche Regulatoren und staatliche Institutionen, damit Märkte funktionieren können. Die Bedarfsökonomie ist demgegenüber auf sich gestellt. Sie braucht interne Regeln. Die müssen nicht immer wieder neu und selbst erarbeitet werden. Dafür hat die Politikwissenschaftlerin Elinor Ostrom hervorragende Vorarbeit geleistet. In ihrem

Forscherleben hat sie Allmende- beziehungsweise Gemeindegut- oder Gemeindegüterstrukturen auf der ganzen Welt untersucht und festgestellt, was Erfolg versprechend ist und was zum Scheitern führen kann. Aus diesem Wissen hat sie einfache und wichtige Regeln formuliert.[7] Dafür hat sie 2009 – als erste Frau – den Wirtschaftsnobelpreis erhalten. Diese Regeln sind für eine kollektive Bedarfsökonomie äußerst brauchbar.

1. Grenzen und Ausschluss – klar definierte Grenzen und einen wirksamen Ausschluss von externen Nichtberechtigten
2. Lokale Bedingungen – Bestimmungen müssen den lokalen Bedingungen angepasst sein
3. Partizipation – Nutzende bestimmen mit, um Anpassungen an sich ändernde Bedingungen zu ermöglichen
4. Controlling – Überwachung der Einhaltung der Regeln durch demokratisch legitimierte Instanzen
5. Sanktionen – gemeinsam erarbeitete, abgestufte Sanktionsmöglichkeiten bei Regelverstößen
6. Konfliktlösung – Etablierung und Kommunikation von Mechanismen zur Konfliktlösung
7. Anerkennung – Selbstbestimmung der Mitglieder wird durch übergeordnete Stellen anerkannt

Wenn diese Regeln beherzigt und geschätzt werden, ist der Ausbeutung der Ressourcen ein Riegel geschoben und der Umgang mit Uneinigkeit geregelt. Die Regeln können in allen Gesellschaftsformen, ob Verein, Genossenschaft, gemeinnützige GmbH oder Aktiengesellschaft, angewendet werden. Sicher ist es nicht zwingend nötig, eine juristische Form zu wählen, doch nur schon in Bezug auf Haftungsfragen oder für die Eröffnung eines Bankkontos ist es sinnvoll, mindestens einen Verein zu gründen.

Beispielsweise bietet es sich innerhalb einer Nachbarschaft an, einen Verein zu gründen, der eine Küche für den Mittagstisch oder eben eine Großküche betreibt; dies ist in der Schweiz etwas einfacher als in Österreich oder Deutschland, aber in jedem Land die einfachste Form, sich kollektiv zu organisieren.

Das Kochen in den privaten Haushalten kommt immer mehr aus der Mode. Einpersonenhaushalte sind in der Schweiz mit 36 Prozent Anteil auf dem Vormarsch. An zweiter Stelle stehen die Zweipersonenhaushalte mit 32,8 Prozent.[8] In vielen Haushalten stellt sich also die Frage, ob sich das Selbst-Kochen überhaupt noch lohnt.

Das haben die Großverteiler längst erkannt und bieten immer mehr Produkte *ready to heat* oder *ready to eat* an. Doch solche Fertigmahlzeiten sind oft weder gesund noch frisch. Sie enthalten in der Regel hohe Anteile an Zucker und Salz, gehärtete und gesättigte Fette sowie Zusatzstoffe für lange Haltbarkeit und appetitliches Aussehen. Die Versorgung durch eine siedlungsinterne Großküche kommt also den neuen Essensbedürfnissen entgegen und erlaubt eine gesunde und abwechslungsreiche Ernährung, die im Endeffekt im Vergleich zu Fertigmahlzeiten oder Heimlieferung durch die Take-away-Gastronomie günstiger ist.

Grundsätzlich lässt sich innerhalb von Nachbarschaften mit einer entsprechenden Infrastruktur Zeit und Geld einsparen.

9

GELEBTE BEDARFS-ÖKONOMIE

In einer Nachbarschaft kann man auf geringerer individueller Wohnfläche gut leben, da Infrastruktur wie Gästezimmer und gewisse Funktionen aus der Wohnung ausgelagert sind und kollektiv genutzt werden. So sparen die Haushalte Mietkosten; nur ein kleiner Teil der Miete dient zur Finanzierung der kollektiven Funktionen. Alle Mieterinnen und Mieter erhalten neben Logis auch Dienstleistungen, wenn sie sie nutzen wollen, außerdem Kost, die von einer Landbasis stammen kann und in der Nachbarschaft zu Mahlzeiten verarbeitet wird.

Was das konkret bedeutet, zeigen wir anhand von Finanz-, Zeit- und Umweltbudgets von einem Rentnerpaarhaushalt sowie einer vierköpfigen Familie mit kleinen Kindern in Zürich. In der Verhältnismäßigkeit dürften die Zahlen auch für andere westliche Länder zutreffen.

Kinder bedeuten meist eine hohe zeitliche und finanzielle Belastung des Haushalts. Kommt Nachwuchs, braucht eine Familie oft mehr Platz und muss in eine größere Wohnung umziehen. Die Wohnung kostet mehr Geld. Beide Elternteile müssen arbeiten. Das wiederum geht nicht ohne eine Kinderkrippe. Um den Alltag zu managen, braucht die Familie mindestens ein Auto. Und so fort.

Die Statistik zeigt: In der Regel können sich nur Gutverdienende mehr als ein Kind leisten. Außerdem fällt das Kinderkriegen ausgerechnet in jenen Lebensabschnitt, in dem die Weichen für die berufliche Karriere gestellt werden. Es ist also kein Wunder, dass in unseren Gesellschaften immer weniger Kinder auf die Welt kommen. In der Schweiz beträgt die durchschnittliche Geburtenrate 1,53 und in Deutschland 1,43.[1] Im Hinblick auf die Überbevölkerung des Planeten ist das zwar kein Unglück, jedoch ein Zeichen von übermäßigem sozialem Druck.

Kernfamilien sind enorm gefordert. Die Rentnergeneration dagegen ist unterbeschäftigt. Und weil Familien inzwischen in alle Himmelsrichtungen verstreut leben, ist das Hüten der Enkel aufwendig und ein Ausnahmefall. In Deutschland wenden Rentnerinnen und Rentner im Schnitt täglich gerade mal drei Minuten für die Betreuung von Kindern oder Erwachsenen auf. Dafür sitzen sie rund drei Stunden pro Tag vor dem Fernseher.[2]

Eine uns mehr entsprechende Raumplanung würde unser Zeitbudget massiv verändern (vgl. Tabelle »Zeitnutzung« Seite 143). Der auffälligste Effekt ergäbe sich aus der Veränderung der Entfernungen, also aus der größeren räumlichen Nähe. In unserer Modellnachbarschaft gelangt man innerhalb einer oder weniger Minuten zur kollektiven Infrastruktur. Und im Modellquartier ist nichts mehr als fünfzehn Gehminuten entfernt. In einer durchschnittlichen Stadt braucht man mit dem Fahrrad oder den öffentlichen Verkehrsmitteln auch nicht viel länger. Und wenn man kein Auto besitzt und keine Garage mieten muss, spart man viele Ausgaben und letztlich Arbeitszeit, um das Geld für Erstere zu verdienen.

Dieser Faktor erklärt einen Teil des Rückgangs. Das notwendige Erwerbseinkommen verringert sich aus diesen Gründen deutlich. Hinzu kommt, dass die individuell gemietete Wohnfläche in einer Nachbarschaft geringer ist als heute üblich. Dafür stehen kollektiv genutzte Räume zur Verfügung. Durch die dichte Bauweise etwa eines Blockrandbaus wird weniger Energie verbraucht. Wir rechnen zudem mit der Kostenmiete einer Genossenschaftswohnung. Alle diese Einsparungen erklären, warum sich die Wohnkosten unserer Familie von 3200 auf 1800 Schweizer Franken reduzieren. Allein dadurch erübrigen sich pro Elternteil rund 2,5 Arbeitsstunden pro Woche.

Weitere Einsparungen ergeben sich aus dem sozialen Kapital, das durch die Nähe entstehen kann. Damit können viele Tätigkeiten auf Gegenseitigkeit, statt gegen Geld, erbracht werden. Bestimmte Kosten wie für Werbung, Überprüfung, Transport, im Finanzsektor und für fremdbestimmte Arbeit können weitgehend eliminiert werden.

Zusammengefasst, lässt sich sagen: Die Nachbarschaft betreibt eine eigene Infrastruktur für den Alltagsbedarf. Dazu gehört eine Großküche mit Take-away und Essräumen, ein Lebensmittel- und Gebrauchswarendepot, ein Foyer mit Bar, Lounge und allenfalls einem Fumoir, aber auch Gästezimmer, Räume für Kinder und Jugendliche, mindestens eine Waschküche mit Wäschetrocknungsmöglichkeiten drinnen und an der

Sonne, Bügel- und Nähzimmer, mindestens eine Werkstatt, etwa um Fahrräder zu reparieren. Einer solchen Nachbarschaft angeschlossen könnte, wie schon ausgeführt, eine Landbasis sein, die aus einem oder mehreren Agrarbetrieben in der nahen Umgebung besteht. Sie dient der Versorgung mit Lebensmitteln. So können über 70 Prozent der Lebensmittel für Großküche und Depot in der Nachbarschaft erzeugt werden. Um diese Infrastruktur zu betreiben, stehen Nachbarinnen und Nachbarn nicht nur in einem Mietverhältnis, sondern sie können auch Teilhaberinnen und Teilhaber eines Produktionskollektivs sein. Nachbarschaft und Landbasis bilden Räume der Gegenseitigkeit. Hier werden tägliche Bedürfnisse wie Wohnen, Essen, Energie und Kinderbetreuung weitgehend und nichtkommerziell gedeckt.

Was bedeuten solche Produktionskollektive für den Arbeitsmarkt, also für jene Bedürfnisse, die wir heute mit Geld befriedigen, das wir uns erarbeiten? Wir beginnen mit dem statistischen Standard und rechnen das Finanzbudget unserer Musterfamilie in Arbeitszeit um. Die Eltern leisten pro Kopf und Woche das statistische Mittel von 28,5 Stunden bezahlte Arbeit.[3]

Zeitnutzung[4] in Wochenstunden pro Person	Vierpersonen-haushalt		Rentnerpaar	
	Standard	Nach-bar-schaft	Standard	Nach-bar-schaft
Unbezahlte Arbeit				
Einkauf, Kochen	12,9	10	11,4	8,4
Reinigung	4,2	3	3	3
Waschen, Bügeln	2,3	2,3	2	2
Haustiere, Garten	1,7	1,7	1,7	1,7
Administration	1,5	1,5	1,5	1,5
Seniorenbetreuung	0,1	0,2	0,2	1
Kinderbetreuung	18,5	13		0,5
Übriges	5,1	5,1	5	3,1
Wegzeiten	7	3		
Weitere Engagements				
Gastro		1		1
Landbasis		1,7		2
Freiwilligenarbeit			3	4
Unbezahlt gesamt	53,3	42,5	27,8	28,2
Bezahlte Arbeit				
Arbeitszeit	28,5	20	2,5	5,6
Wegzeiten	4,4	2	0,4	0,4
Zeitaufwand gesamt	**86,2**	**64,5**	**30,7**	**34,2**

Mit einer Nachbarschaft ändern sich vier Dinge. Erstens fällt ein Teil der bezahlten Arbeit wegen der intelligenteren Raumordnung ersatzlos weg. Zweitens wird ein Teil der Arbeit geldlos durch unbezahlte Arbeit als gegenseitige Gefälligkeit erledigt. Drittens werden einige Arbeiten zwar mit Geld entlohnt, aber mit einem kollektiven Kostenbeitrag gedeckt; das ist also intern bezahlte Arbeitszeit. Dieser Beitrag liegt bei rund hundert Schweizer Franken pro Erwachsenen und Monat. Viertens bleibt ein kleiner gewordener Teil von extern bezahlter Arbeitszeit, mit dem wir die übrigen Bedürfnisse decken.

Wohnen, Essen, ob zu Hause oder auswärts, Mobilität und Kindererziehung sind die vier Bedürfnisse, die durch die Nachbarschaftsinfrastruktur sinnvoller und besser bedient werden als in herkömmlichen Siedlungsstrukturen.

Das Wohnen ist in der Regel so kostspielig, dass ein beträchtlicher Teil der Miete von Grund- und Bodeneigentümern ohne Gegenleistung kassiert wird. Im zum Beispiel genossenschaftlichen Nachbarschaftsmodell fällt diese Renditeabschöpfung weg; es werden nur effektive Aufwendungen verrechnet. Deshalb spricht man auch von Kostenmiete. Durch eine dichtere Bauweise und eine angepasste, bessere Raumaufteilung wird das Wohnen auch günstiger. Zusammen ergibt das eine Ersparnis von zweieinhalb Stunden bezahlte Arbeit pro Woche; gemäß Statistiken muss für eine vierköpfige Familie im Durchschnitt sieben Stunden pro Woche alleine für die Miete gearbeitet werden. In einer Nachbarschaft sinkt der Arbeitsaufwand auf viereinhalb Stunden, um die Wohnkosten zu decken. Davon entfallen etwa zwei Stunden auf Baukosten. Die haben wir wie folgt berechnet: 110 Quadratmeter Wohnraum kosten 400 000 Schweizer Franken. Während der Lebensdauer kommen noch weitere 300 000 Franken für Unterhalt hinzu. Bei einer Produktivität von 60 Franken im Schweizer Bausektor entspricht das 11 500 Arbeitsstunden. Verteilt auf 60 Jahre beziehungsweise 3120 Wochen ergeben sich vier Stunden pro Wohnung beziehungsweise zwei Stunden pro erwachsene Person.[5]

Eine weitere halbe Stunde rechnen wir für Gebühren, Entsorgung, Energie usw. ein. Dieser Teil der Arbeit muss von Fachkräften auf der Ebene des Quartiers oder der Stadt erbracht werden. Es bleiben eineinhalb Arbeitsstunden für Verwaltung, Reinigung, kleine Unterhaltsarbeit usw., was von der Nachbarschaft geleistet werden kann. Davon wird ein Drittel unentgeltlich auf dem Wege der Gegenseitigkeit erbracht. Die restliche Stunde für technische Hauswartung und Liegenschaftsverwaltung ist intern bezahlte Arbeit und wird von der Nachbarschaft kollektiv über die Miete finanziert.

Ausgaben pro Monat in CHF	Standard			Nachbarschaft		
	Paar, 2 Kinder	Single, Rente	Paar, Rente	Paar, 2 Kinder	Single, Rente	Paar, Rente
Nahrung, Restaurant	1100	110	760	330	132	228
Landbasis				620	232	464
Gäste beherbergen	790	250	500	480	140	240
Wohnen, inkl. Nebenkosten	3200	1500	1900	1800	500	950
Professionelle Versorgung				200	100	200
Verkehr	1200	375	750	400	200	375
Gesundheit, Krankenkasse	1250	810	1390	1000	648	1112
Kinderbetreuung	1500			200		
Kultur	950	370	640	740	220	480
Alterssparen	2500			1800		
Steuern	1600	1070	1460	1600	1070	1460
Übrige Ausgaben	1700	785	1250	1360	628	200
Bedarf Standard	15 790	5270	8650	10 530	3870	5709
Lohn Zusatzarbeit in Nachbarschaft					-400	-800
Bedarf in Nachbarschaft				10 530	3470	4909

Was die Kosten von Lebensmitteln und Gastronomie betrifft, gehen wir davon aus, dass wir 70 Prozent der Nahrung selbst herstellen, vorwiegend auf der Landbasis. Um diese zu betreiben, benötigen wir 1000 Stellenprozente bezahlte Arbeit.[6] Weitere 250 bezahlte Stellenprozente braucht es in der Gastronomie, also in Küche, Lebensmitteldepot und Restaurant.[7] Verteilt auf die rund 300 arbeitsfähigen Erwachsenen der Nachbarschaft, kostet das den Gegenwert von rund eineinhalb Arbeitsstunden pro Woche und Person. Zusätzlich sind in der Landbasis jährlich rund 12000 und in der Gastronomie noch weitere rund 10000 Stunden Freiwilligenarbeit nötig. Verteilt auf wiederum 300 arbeitsfähige Erwachsene und Jugendliche, ergibt das pro Woche 1,4 Stunden unbezahlte Arbeit. Dazu kommen noch die Kosten der restlichen 30 Prozent extern eingekaufter Lebensmittel sowie die übrigen Kosten der Landbasis, etwa für Saatgut und Geräte. Dafür muss jede und jeder Erwachsene im Schnitt den Gegenwert von eineinhalb Stunden bezahlter Arbeit leisten oder erbringen.

Anzumerken ist, dass die Lebensmittel in der Nachbarschaft, obwohl man sich gegenüber Importprodukten eine aufwendige Distributionslogistik ersparen kann, vermutlich etwas mehr kosten. Sie entstammen weder einer industriellen Landwirtschaftsproduktion, noch waren Hungerlöhne im Spiel. Wir kalkulieren 70000 Schweizer Franken pro Vollzeitstelle in der Landbasis und in der Gastronomie.

Die familienexterne Kinderbetreuung innerhalb der Nachbarschaft macht einen Platz in einer Kindertagesstätte nicht mehr notwendig. Die Betreuung erfolgt stattdessen in der auch juristischen Form von Spielgruppen und Mittagstischen durch Eltern, Großeltern und Vertrauenspersonen, die sich abwechseln. Eine Ansprech- und Koordinationsstelle sollte in der Verwaltung dafür eingerichtet werden. Wir berechnen dafür 1500 Arbeitsstunden pro Jahr; das entspricht einer 70-Prozent-Stelle.

Dank den kurzen Distanzen zu den Dingen des täglichen Bedarfs verringern sich die Ausgaben für den Verkehr um rund zwei Drittel. Die Nachbarschaft organisiert sich – beruhend auf Gegenseitigkeit – mit Fahrrad- und Auto-Sharing.

In einer Nachbarschaft lebt es sich angenehm, die Versorgung ist besser und das Sozialleben intakter, man hilft sich mit diesem oder jenem aus. Entsprechend vermindern sich Ausgaben für Wellness, Kultur, Information, Haushalts- oder Spielwaren usw. Das reduziert den Arbeitsaufwand von 11,7 Stunden pro Woche auf 10,7 Stunden (geschätzt). Wie wir noch zeigen werden, ermöglicht eine Nachbarschaft auch beträchtliche Einsparungen bei den Gesundheitskosten. In der Tabelle auf Seite 146 haben wir – sehr vorsichtig – eine Reduktion um 20 Prozent einkalkuliert.

Die Quintessenz dieser Erwägungen lässt sich so zusammenfassen: Dank optimierter Raum- und Ressourcenbeanspruchung und der gezielten Nutzung unseres genetischen Potenzials gelingt uns die Bedürfnisbefriedigung wesentlich besser und mit deutlich weniger Arbeitsaufwand. Zudem werden dabei mehr Kompetenzen vermittelt und wird die Arbeitsqualität erhöht. Unsere Berechnung deutet auf ein Sparpotenzial von gut einem Viertel hin. Statt 28,5 genügen noch 20 Stunden Erwerbsarbeit. Dabei wird ein beträchtlicher Teil der bisherigen marktwirtschaftlich organisierten Arbeit jetzt von Nachbarn innerhalb der Nachbarschaft geleistet, also im Modus der erweiterten Bedarfsökonomie. Diese Verschiebung bietet einige Vorteile – darauf kommen wir noch.

Es gibt weitere Einsparungen, die bei einer großflächigen Ausweitung unseres Modells und breiteren Nutzung der Synergieeffekte der Bedarfswirtschaft möglich werden. Bisher haben wir ja nur betrachtet, was von der Nachbarschaft für die Nachbarschaft produziert wird. Von den weiteren Arbeiten in unserem Modell wird ein Teil in den Gewerberäumen der Nachbarschaft selbst (Verpflegung, Waschen usw.), im Quartier (Friseur, Café und Bar, Primarschule, Buchladen) oder in der Stadt (Kleider- und Schuhläden, Kino, Theater, Spital, Arzt, Fitnesszentrum, Verwaltung, höhere Schulen usw.) verrichtet. Dadurch sinken weitere Kosten, etwa für Transport und Vermarktung. Diese Einsparungen sind in der Tabelle auf Seite 146 noch nicht berücksichtigt.

Ebenfalls noch nicht berücksichtigt ist das innovative Potenzial der Bedarfsökonomie. Etwa durch Digitalisierung und neueste Technologie, gepaart mit der Kreativität der Menschen – die über mehr Zeit verfügen –, dürften weitere wesentliche Optimierungen möglich werden. Denken wir etwa an 3-D-Drucker; sie sind im Ansatz bereits so etwas wie das iEverything und prädestiniert dafür, gewissen lokalen Eigenbedarf zu decken.

Sharing-Plattformen schaffen zwar nichts Neues, ermöglichen es aber, bereits Vorhandenes besser und mit mehr Reichweite zu nutzen. Anbaukonzepte wie Permakultur oder *urban agriculture* ermöglichen Lebensmittelproduktion an Orten, die bisher nicht bewirtschaftet wurden, und können einen substanziellen Beitrag zur Ernährung leisten. Dank Kleinkraftwerken auf der Basis von Wasser-, Solar-, Wind- und Geoenergie lässt sich der Energiebedarf lokal weitgehend selbst decken.

Der Raum für Gegenseitigkeit kann selbstverständlich auf das Quartier oder auf die Stadt ausgedehnt werden. Das Ziel ist wohlgemerkt eine optimale Mischung von Marktwirtschaft und Bedarfsökonomie und sicher keine komplette Autarkie. Aber bereits der geringe Grad an Bedarfsökonomie, wie in unserem Rechenbeispiel skizziert, kann die aktuellen wirtschaftspolitischen Probleme markant entschärfen.

Das gilt insbesondere auch für die Arbeitslosigkeit. In unserem Beispiel gehen wir davon aus, dass Erwachsene im Schnitt wöchentlich 2,4 Stunden unbezahlte Arbeit leisten. Gibt es 350 Arbeitsfähige in der Nachbarschaft, die jeweils 2,4 Stunden arbeiten, macht das 840 Wochenstunden. Nicht alle in der Nachbarschaft vermögen gleich viel Eigenarbeit zu leisten. Wer beruflich sehr eingespannt ist, kann seinen Anteil reduzieren und die Differenz finanziell begleichen. Werden beispielsweise in der Nachbarschaft insgesamt 210 Stunden gegen Geld an andere abgegeben, haben 10 arbeitslose Nachbarinnen und Nachbarn je 21 Stunden pro Woche eine sinnvolle Arbeit und ein finanzielles Einkommen – etwa so viel wie alle andern auch. Arbeitslosen Menschen stünden somit Beschäftigungsmöglichkeiten innerhalb der unmittelbaren Nachbarschaft offen. Mit einer solchen Abgeltung können die rund 3 Prozent Sockelarbeitslosigkeit abgefedert werden. Es geht allerdings nicht um die Abschaffung der Arbeitslosenversicherung.

Wie bereits erwähnt, wissen wir aus der Glücksforschung, dass Arbeitslose in der Regel nur deshalb unglücklich sind, weil sie sich sozial ausgegrenzt fühlen. In der Nachbarschaft machen sie die Erfahrung, gebraucht zu werden, dazuzugehören und dass ihre Mitwirkung gewürdigt wird; so können sich auch Langzeitarbeitslose geschützt wieder in die Arbeitswelt integrieren.

Auch gegen die steigenden Gesundheitskosten sind Nachbarschaften ein wirksames und gutes Rezept. Am effektivsten wirkt sich in dieser Hinsicht die verbesserte soziale Integration aus. Ist eine Person nicht oder nur teilweise integriert, leidet sie unter Einsamkeit. Ihr Krankheits- und Sterblichkeitsrisiko erhöht sich um etwa 50 Prozent – also um genauso viel wie bei Übergewicht und mehr als fünfzehn Zigaretten pro Tag zusammen. Das ist das Ergebnis einer Metastudie, die Daten von über 300 000 Personen über acht Jahre auswertete.[8] Allerdings wurde in der Studie demgegenüber der gesundheitliche Schaden fremdbestimmter, streng kontrollierter Arbeit lediglich indirekt berücksichtigt.

Ähnlich maßgebend wirkt sich die Ernährung auf die Gesundheit aus. Die ist in einer Nachbarschaft mit Landbasis nicht nur reichhaltiger – man wird von motivierten Teams bekocht und beliefert –, sondern auch gesünder. Das liegt daran, dass Fleisch und überhaupt tierische Produkte reduziert und zunehmend pflanzliche Lebensmittel verwendet werden. Auf Industrienahrung wird weitgehend verzichtet – es gibt eben mehr Zeit, um Dinge selbst zu machen. Die Ernährung in einer solchen Nachbarschaft führt zu mehr Umsatz von Gemüse und Rohkost, sodass die Produkte immer frisch sind. Das bringt auch das Complete Health Instruction Program (CHIP)[9] den Teilnehmerinnen und Teilnehmern mit einigem Erfolg bei. Dieses Programm ist inzwischen tausendfach getestet worden. In einer Auswertung der Krankenkasse Valley Health Plan wurden Kosteneinsparungen von etwa 30 Prozent innerhalb eines Jahres dokumentiert.

Eine funktionierende Nachbarschaft führt zu weniger Verkehrsvolumen. Damit werden Verkehrsunfälle, Treibhausgase, Feinstaub von Diesel und Reifenabrieb und die Gefahren, die sie mit sich bringen, reduziert. Und diese Reduktionen sind bedeutend. Allein die private Mobilität verursacht 19 Prozent[10] der gesamten Treibhausgasemissionen in der Schweiz und ist damit hochgradig mitschuldig an der Klimaerwärmung. Über ein Drittel der Verkehrsbewegungen in der Schweiz betreffen Beruf, Schule und Einkauf.[11] Diese Wege reduzieren sich in Nachbarschaften deutlich. Beim Wohnen, das in der Schweiz 23 Prozent der Treibhausgasemissionen erzeugt, fällt vor allem der um rund ein Drittel verringerte Flächenkonsum von 45 auf etwa 25 Quadratmeter pro Person ins Gewicht. Eine dichtere Bauweise halbiert die für den Heiz- und Kühlbedarf entscheidende Außenfläche um rund 50 Prozent. Damit ist es auch ohne allzu großen zusätzlichen Aufwand möglich, energieneutral zu bauen. Bei der Ernährung, die mit gut 16 Prozent Emissionen zu Buche schlägt, sparen wir durch Landbasis, Lebensmitteldepot und Nachbarschaftsgastronomie vor allem an Transportkosten und Verpackung; auch der Warenverlust verringert sich.

Das sind alles Einsparungen, die sich schon aus einer an unsere Bedürfnisse besser angepasste Siedlungsstruktur ergeben. Doch sie reichen bei Weitem nicht aus, um die Umweltbelastung für unseren Planeten verträglich zu machen und um unseren Enkeln ein gutes Leben darauf zu ermöglichen. Wir müssen unser Konsum- und Reiseverhalten grundsätzlich hinterfragen. Insbesondere Urlaubsreisen mit dem Flugzeug oder Kreuzfahrten in fernste Weltgegenden sollten wir durch Zug- oder Busfahrten und andere Reiseziele ersetzen. Viele Geschäftsflüge lassen sich durch Videokonferenzen vermeiden. In diesem Bereich haben die Erfahrungen während der Corona-Krise vielleicht ein Umdenken angestoßen. Bei den Nahrungsmitteln fallen Fleisch und Milchprodukte enorm ins Gewicht, gerade auch wenn wir nicht nur die Emissionen betrachten, sondern auch die dramatische Verarmung in der Biodiversität.

Wenn ein Mensch zum Beispiel seinen Konsum auf ein enkeltaugliches Maß beschränkt, also die Belastungsgrenzen unseres Planeten nicht überschreiten will, könnte das folgendermaßen geschehen:[12] Dieser Person stehen etwa 25 Quadratmeter privater Wohnraum und die Benutzung von 50 Quadratmetern kollektiv genutzter Fläche zur Verfügung. Sie fährt mit der Bahn 1700 Kilometer im Jahr und surft in derselben Zeit 200 Stunden aktiv im Internet. Sie konsumiert 2200 Kilokalorien Lebensmittel am Tag. Neben pflanzlichen, vorwiegend regionalen und saisonalen Produkten verzehrt sie jährlich jeweils 5 Kilogramm Poulet, Schweine- und Rindfleisch und 10 Liter Milch beziehungsweise die Produkte aus dieser Menge Milch; das wären etwa 800 Gramm Käse. Der direkte Kalt- und Warmwasserverbrauch liegt bei 20 Litern pro Tag. Auf Auto- und Flugreisen verzichtet die Person komplett; sie fährt aber Fahrrad. Würde diese Beispielperson vegan leben, könnte sie weitere 247 Stunden im Internet surfen. Oder sie könnte sich im Jahr einen Europaflug von 1100 Kilometern leisten. Wenn sie stattdessen aufs Zugfahren verzichtete, kämen ihr 135 Kilometer im Jahr mit einem Elektroauto zu; mit einem Personenwagen, der mit Benzin fährt, schrumpfte die Strecke auf nur noch 79 Kilometer – da kann man auf die Anschaffung eines Autos verzichten. Für einen solchermaßen vorbildlichen Konsum müsste unsere Beispielperson auch deutlich weniger arbeiten; eine Zwölfstundenwoche könnte ihr genügen.

Vielleicht klingt das noch nicht für jede und jeden

verlockend, doch unser Leben wird sich dahingehend verändern müssen. Und die gewonnene Freizeit eröffnet neue Möglichkeiten.

Wir müssen, um langfristig nicht nur gut zu leben, sondern uns auch nachhaltig ein gutes Leben zu ermöglichen, unseren Verbrauch von Ressourcen reduzieren. Wenn man alle Parameter berücksichtigt, entspricht dies keinem Verzicht, sondern entpuppt sich als Gewinn, insbesondere an Lebensqualität – dies allein schon aus dem Grund, dass das Argument der globalen Wettbewerbsfähigkeit an Schlagkraft verliert. Ihre Bedeutung wird ohnehin viel zu sehr überschätzt.

Die Behauptung, in der Schweiz werde jeder zweite Franken mit dem Export verdient, soll uns vermitteln, dass der Wohlstand und die Vollbeschäftigung im Land von ihm abhänge. Exporte dienen hauptsächlich dazu, die Importe zu finanzieren, und zwar nur die Nettoimporte, also das, was hier bleibt. Importiert werden vor allem Rohstoffe. Viele der Importe werden nach der Verarbeitung wieder exportiert. Hier bleiben häufig Endfabrikate, etwa Kleider aus Fernost oder Lebensmittel von irgendwoher. 2018 belief sich in der Schweiz der Wert der Nettoimporte auf rund 160 Milliarden. Das entspricht ungefähr einem Viertel des BIP.[13] Das ist zwar durchaus beachtlich, relativiert aber die grassierenden Behauptungen zur Exportwirtschaft beträchtlich.

In Hinblick auf die Beschäftigung ist die Exportwirtschaft weit weniger wichtig, als man gemeinhin annimmt. Die hiesige Exportindustrie verzeichnet eine extrem hohe Wertschöpfung. So stecken in jeder Million Schweizer Franken Umsatz der exportorientierten Pharma- oder Präzisionsgeräteindustrie wesentlich weniger Arbeitsplätze als im Umsatz der Binnenwirtschaft – zum Beispiel im Dienstleistungsbereich oder im Detailhandel. Und diese wenige Arbeit wird meist so schnell wie möglich wegrationalisiert. Seit 1991 werden neue Arbeitsplätze fast nur noch im Gesundheitswesen, in der Bildung und in der öffentlichen Verwaltung geschaffen, nicht aber in den klassischen Exportindustrien.

Die Außenhandelsbilanz wird deutlich sinken, wenn die Wirtschaft den Systemwechsel vollzieht, der für uns überlebenswichtig ist. Importe werden stark an Bedeutung verlieren, weil wir wesentlich weniger Energieträger einführen müssen, weniger Lebensmittel importieren und nicht mehr so oft ins Ausland reisen, und Industrieprodukte produzieren wir, etwa durch 3-D-Druck, vermehrt selbst. Wir brauchen auch nicht mehr viel zu exportieren, um im Gegenzug Dinge wie die bei uns fehlenden Rohstoffe zu beschaffen.

Funktionierende Nachbarschaften entlasten auch die Vorsorgesysteme. Zwar erwirtschaftet man in einer Nachbarschaft, wie wir sie hier als Modell vorstellen, weniger Lohn und zahlt damit entsprechend weniger Geld in Vorsorgesysteme ein. Allerdings sinken insbesondere die Mietkosten, weil man in einer Nachbarschaft mit den kollektiv genutzten Räumen weniger Wohnraum beanspruchen muss.

Zudem ersetzen Nachbarschaften die unvergleichlich viel teureren Altersheime, und sie verzögern in vielen Fällen den Eintritt ins Pflegeheim. Ins Gewicht fällt auch, dass die Arbeit in einer Nachbarschaft kein Alterslimit kennt. Mit bezahlter und unbezahlter Arbeit kann ein Nachbarschaftsrentner einen guten Teil seines Lebensunterhalts weiterhin aus eigener Kraft bestreiten. In unserem Modell gehen wir davon aus, dass Nachbarschaftsrentnerinnen und -rentner pro Woche rund drei Stunden bezahlte Arbeit leisten und dadurch pro Monat etwa 400 Schweizer Franken mehr verdienen als Normalrentner – gemäß Statistik. Insgesamt sinkt der durch Renten zu deckende Finanzbedarf um gut 40 Prozent.

Abschließend stellt sich die Frage, ob eine unseren Bedürfnissen mehr entsprechende Siedlungsstruktur eine Lösung unserer Probleme bietet. Dagegen spricht noch einiges. Zum einen gibt es eine bestehende Siedlungsstruktur. Wohnbauten haben in der Regel eine Lebensdauer von fünfzig bis hundert Jahren. Es wird Jahrzehnte dauern, den ganzen Bestand zu Nachbarschaften umzubauen. Zum anderen verändert sich das Konsumverhalten der Menschen auch nicht von einem Tag auf den anderen. Was nützen uns also die Erkenntnisse aus den schon bestehenden an die Bedürfnisse angepassten Siedlungsstrukturen? Diese Einwände sind überlegenswert, aber keineswegs schlagend. So, wie die Dinge liegen, helfen uns schon Ansätze in der richtigen Richtung deutlich weiter.

Grundsätzlich kann der technologische Fortschritt unterschiedliche Entwicklungen anstoßen. Die freigesetzten Arbeitskräfte können in prekäre Erwerbssituationen kommen, oder sie gewinnen mehr Freizeit. Doch davon werden nur diejenigen profitieren, die dank ihrem Grundbesitz, ihrem Vermögen, dank Patentrechten oder anderen Monopolen den Gewinn der steigenden Produktivität abschöpfen können.

Wenn die Wirtschaft ihre Sättigungsgrenze überschreitet, gibt es also mehr Freizeit oder mehr Prekariat oder beides. Dass diese Grenze bereits überschritten ist, erkennt man etwa an der verdreifachten Produktivität in Deutschland seit Ende der sechziger Jahre. Schon damals ging es den Deutschen dank dem Wirtschaftswunder gut. Die gesteigerte Produktivität erzeugt jedoch seit rund zwei Jahrzehnten zunehmend prekäre, nicht existenzsichernde Erwerbssituationen. In diesem Zeitraum fanden die entsprechenden Begriffe wie atypische Arbeitsverhältnisse (Schweiz), Hartz IV (Deutschland), Ich-AG (Deutschland und Schweiz), Minijob (Deutschland), RAV (Schweiz), Working Poor (Schweiz) in unseren Wortschatz.

Damit ist das eingetreten, was der britische Ökonom John Maynard Keynes in seinem Brief an seine Enkel[14] schon 1930 befürchtete. Durch den technologischen Fortschritt werde an den Menschen zum ersten Mal seit seiner Existenz die beständige Aufgabe gestellt, zu überlegen, wie seine Freizeit auszufüllen und angenehm, sinnvoll und weise zu leben sei. Keynes hoffte zwar, dass seine Enkel diese Herausforderungen meistern würden, doch er hegte auch Zweifel. »Denn wir sind zu lange trainiert worden, zu streben statt zu genießen. Für den durchschnittlichen Menschen ohne besondere Begabungen ist es eine beängstigende Aufgabe, sich selbst zu beschäftigen, besonders, wenn er nicht mehr mit der Heimat oder den Sitten und Gewohnheiten oder den gelebten Gepflogenheiten einer traditionellen Gesellschaft verwurzelt ist.« Deshalb müssten wir wohl noch lange »irgendeine Arbeit tun, um zufrieden sein zu können«.

In diesem Stadium stecken wir gerade und haben es leider noch längst nicht überwunden. Wir arbeiten allerdings heute nicht mehr für unsere – endlichen – Bedürfnisse, sondern für die scheinbar unendliche Nachfrage der Märkte nach dem Motto: Irgendwo gibt es vielleicht noch brachliegende Kaufkraft, die wir wecken und befriedigen könnten.

Keynes nannte das »Geldtrieb« oder »Liebe zum Geld«. Und er hoffte, dass dieses »ziemlich widerliche, krankhafte Leiden« bald als das erkannt werde, was es sei, nämlich »eine jener halbkriminellen, halbpathologischen Neigungen, die man mit Schaudern den Spezialisten für Geisteskrankheiten« überlassen solle. Leider erschaudern wir noch nicht, sondern reden mit Ehrfurcht von Potemkinschen Dörfern wie den Erfordernissen des Standortwettbewerbs oder von der notwendigen Disziplinierung durch die Märkte. Die Marktökonomen und -ökonominnen haben uns eine handfeste kollektive Psychose eingebrockt.

Wie also stellen wir uns der »beängstigenden Aufgabe«, uns selbst zu beschäftigen und »angenehm, sinnvoll und weise« zu leben? Das fällt uns leichter, wenn wir von Leuten umgeben sind, die wir kennen, mit denen wir gemeinsame Erfahrungen gemacht haben, denen wir vertrauen, mit deren Stärken und Schwächen wir gelernt haben, zurechtzukommen, mit denen wir Gewohnheiten und Interessen teilen, mit denen wir gerne etwas zusammen machen und zusammen sind. Entscheidend dafür ist die Art und Weise, wie wir wohnen und arbeiten. Es muss nicht gleich eine vollständige Nachbarschaft, wie hier skizziert, mit Landbasis und eigener Gastronomie sein. Schon kleine Veränderungen können bewirken, dass Menschen vermehrt in nachbarschaftlichen Kontakt treten. Zunächst vielleicht nur, um miteinander zu sprechen, einen Kaffee miteinander zu trinken. Denn vom Kaffeeklatsch zu gelegentlicher gegenseitiger Hilfe ist es nur ein kleiner Schritt. Und wenn die Nachbarschaft nicht von allzu häufigen Fluktuationen geprägt ist, können die Kontakte mit der Zeit und irgendwann nachhaltig vertieft werden. Darum kann man sich ganz einfach kümmern.

Wer isoliert im 27. Stockwerk eines anonymen Hochhauses wohnt und aus Erfahrung weiß, dass er schon bald wieder ausziehen wird, versucht sich vielleicht in seinem beruflichen Umfeld irgendwie nützlich zu machen, auch um sein Selbstwertgefühl zu bewahren. Ein Bedürfnis, sich nützlich zu machen, besteht auch bei Menschen, die Arbeitslosengeld oder nur ein Grundeinkommen beziehen. Kennt man seine Nachbarinnen und Nachbarn und deren Bedürfnisse, kann man sich sogar gezielt nützlich machen und nicht mehr nur irgendwie. Dieser kleine Unterschied ist entscheidend. Es geht darum, Nachbarschaften, Quartiere, Städte und ganze Länder so zu organisieren, dass ihre individuellen und kollektiven Bedürfnisse erkannt werden und bewusst sind. Das ist der Grund, warum Siedlungsstrukturen hinterfragt und die bestehenden Strukturen optimiert werden müssen.

Die evolutionäre Perspektive zeigt, dass der lokale und nationale Handlungsspielraum weit größer ist, als uns die Hohepriesterinnen und Hohepriester des globalen Markts und des Standortwettbewerbs glauben machen wollen. Von der Globalisierung links liegen gelassene Regionen müssen nicht krampfhaft nach Marktnischen suchen, mit denen sie sich in den Welthandel einklinken können – das endet meistens damit, dass man den Kaufkräftigen dieser Welt für ein Trinkgeld die Schuhe putzt. Stattdessen können sie selbst produktiv tätig werden. Das Erkennen und Befriedigen der eigenen Bedürfnisse erzeugt eine neue Binnenwirtschaft, die uns guttut.

Diese Zusammenhänge zu begreifen, müssen wir wieder lernen. Das anzuregen, ist das Ziel unseres Buchs.

Anmerkungen

Prolog

1 John Maynard Keynes war ein britischer Ökonom, Politiker und Mathematiker. Er entwickelte die Theorie, dass bei Wirtschaftsflauten mittels expansiver Geldpolitik und Staatsausgaben die Nachfrage nach Gütern und Dienstleistungen belebt werden sollten. Diese als Keynesianismus bezeichnete Theorie hat bis heute Einfluss auf politische und ökonomische Entscheidungen.

2 Eine Selbstregulierung des Wirtschaftslebens führe im Endeffekt zu einer gerechten Verteilung. Diese Annahme geht auf Adam Smith zurück.

3 Bruttoinlandsprodukt bzw. die Summe aller Güter und Dienstleistungen, die gegen Geld produziert und getauscht werden.

4 Kostspielige Dienstleistungen können dem Markt entzogen und in die Bedarfswirtschaft überführt werden. Unter dem Strich kann so Geld und Zeit eingespart sowie Lebensqualität gewonnen werden. Das ist das Kernthema dieses Buchs.

1 Hintergrund und Geschichte

1 Adam Smith (1723–1790), lebte in Schottland und gilt als Begründer der klassischen Nationalökonomie. Sein Werk *Der Wohlstand der Nationen* (1776) wird eine ähnliche Bedeutung zugeschrieben wie dem *Kapital* von Karl Marx.

2 Vgl. www.praxis-umweltbildung.de (28.2.2021).

3 Vgl. www.umweltnetz-schweiz.ch (28.2.2021).

4 David Graeber, *Bullshit-Jobs. Vom wahren Sinn der Arbeit*, Klett-Cotta, Stuttgart 2018.

5 Ian Morris, *Wer regiert die Welt?*, Campus, Frankfurt am Main 2011; David Graeber, *Schulden. Die ersten 5000 Jahre*, Klett Cotta, Stuttgart 2011.

2 Ökonomie ist mehr als nur Marktwirtschaft

1 Remo H. Largo, *Das passende Leben. Was unsere Individualität ausmacht und wie wir sie leben können*, Fischer, Frankfurt am Main 2017.

2 http://de.wikipedia.org/wiki/Maslowsche_Bedürfnishierarchie (28.2.2021).

3 Wortschatz der zeitgemäßen Wirtschaftstheorie

1 Alan Page Fiske, »The Four Elementary Forms of Sociality, Framework for a Unified Theory of Social Relations«, in: *Psychological Review*, 1992, Bd. 99, Nr. 4, 689–723.

2 Van Schaik und Michel reden in ihrem *Tagebuch der Menschheit* von der »ersten Natur«.

3 Elizabeth Anderson, *Private Regierung. Wie Arbeitgeber über unser Leben herrschen (und warum wir nicht darüber reden)*, Suhrkamp, Berlin 2019.

4 David Graeber, *Schulden. Die ersten 5000 Jahre*, Klett-Cotta, Stuttgart 2012.

5 Der Begriff wurde durch einen utopischen Roman geprägt: Émile Zola, *Arbeit – Der »Vier Evangelien« zweiter Teil*, DVA Deutsche Verlags-Anstalt, Stuttgart, Leipzig 1901.

6 Anderson, *Private Regierungen*, S. 122.

4 Befriedigung unserer Bedürfnisse

1 bsfrey.ch (28.2.2021).

2 Jan-Emmanuel De Neve und George Ward, »Happiness at Work«, Centre for Economic Performance, London, 2017, http://eprints.lse.ac.uk/83604/1/dp1474.pdf (28.2.2021).

3 Alois Stutzer und Bruno S. Frey, »Commuting and Life Satisfaction in Germany«, bsfrey.ch/articles/_456_2007.pdf (28.2.2021).

4 Kate Pickett und Richard Wilkinson, *The Inner Level. How More Equal Societies Reduce Stress, Restore Sanity and Improve Everyone's Well-being*, Penguin Press, New York 2018.

5 Jorge Moll, Frank Krueger, Roland Zahn, Matteo Pardini, Ricardo de Oliveira-Souza und Jordan Grafman, »Human fronto-mesolimbic networks guide decisions about charitable donation«, Proceedings of the National Academy of Sciences, USA, 2006, ncbi.nlm.nih.gov/pmc/articles/PMC1622872/ (28.2.2021).

6 Julianne Holt-Lunstad, Timothy B. Smith und J. Bradley Layton, »Social Relationships and Mortality Risk. A Meta-analytic Review«, PLoS Med, 2010, journals.plos.org/plosmedicine/article?id=10.1371/journal.pmed.1000316 (28.2.2021).

7 John O'Doherty et al., »Neural evidence for inequality-averse social preferences«, Psychology Department, Rutgers University, Newark, New Jersey, 2010, wissenschaft.de/umwelt-natur/fuer-die-bewertung-von-gerechtigkeit-zustaendige-hirnregion-entdeckt/ (28.2.2021).

8 Ernst Fehr und Simon Gächter, »Cooperation and Punishment in Public Goods Experiments«. Institute for Empirical Research in Economics,

Working Paper No. 10; CESifo Working Paper Series No. 183, 1999, www.ssrn.com/abstract=203194 (28.2.2021).

9 Frank Elgar, Wendy Craig, William Boyce, Antony Morgan und Rachel Vella-Zarb, »Income inequality and school bullying: multilevel study of adolescents in 37 countries«, 2009, https://pubmed.ncbi.nlm.nih.gov/19766939/ (28.2.2021).

10 Bundesamt für Statistik: Unbezahlte Arbeit 2016, www.bfs.admin.ch/bfs/de/home/statistiken/arbeit-erwerb/unbezahlte-arbeit.html (28.2.2021).

11 Bundesamt für Statistik, Mikrozensus Mobilität und Verkehr 2015, https://www.bfs.admin.ch/bfs/de/home/statistiken/mobilitaet-verkehr/erhebungen/mzmv.html (28.2.2021).

12 AMECO, European Commission, Economic and Financial Affairs, ec.europa.eu/economy_finance/ameco/; The Conference Board, Total Economy Database™, conference-board.org (28.2.2021).

13 Norbert Schwarz und Florian Schwahn, »Entwicklung der unbezahlten Arbeit privater Haushalte«, Statistisches Bundesamt, 2016, destatis.de/DE/Methoden/WISTA-Wirtschaft-und-Statistik/2016/02/unbezahlte-arbeit-022016.pdf?__blob=publicationFile&v=3 (28.2.2021).

14 Europäische Stiftung zur Verbesserung der Lebens- und Arbeitsbedingungen, European Jobs Monitor, eurofound.europa.eu/de/publications/report/2017/occupational-change-and-wage-inequality-european-jobs-monitor-2017 (28.2.2021).

15 Francesca Mazzolari und Giuseppe Ragusa, »Spillovers from High-Skill Consumption to Low-Skill Labor Markets«, http://ftp.iza.org/dp3048.pdf (1.4.2021).

5 Die hohen Kosten des Marktes

1 www.zeit.de/1993/18/der-preis-des-marktes (28.2.2021)

2 Angus Maddison, *Dynamic Forces in Capitalist Development. A Long-run Comparative View*, Oxford University Press, Oxford 1991.

3 Andreas Reckwitz, *Die Gesellschaft der Singularitäten. Zum Strukturwandel der Moderne*, Suhrkamp, Berlin 2017.

4 Nestlé, »Finanzielle Berichterstattung 2018. Konzernrechnung der Nestlé-Gruppe 2018. 152. Jahresrechnung der Nestlé AG«, S. 66, nestle.ch/de/media/pressreleases/documents/2018_financial_statements_de.pdf (28.2.2021).

5 andrewoswald.com/docs/happinesslancasternov06.pdf (28.2.2021).

6 Richard Layte und Christopher T. Whelan, »Who feels inferior?«, in: *European Sociological Review*, 2014.

7 Richard Wilkinson und Kate Pickett, *The Inner Level, How More Equal Societies Reduce Stress, Restore Sanity and Improve Everyone's Well-being*, Penguin, New York 2018.

8 Verena Maag, *Kaufsucht in der Schweiz. Verbreitung, Ursachen und Konsequenzen*, Rüegger, Zürich/Chur 2018.

9 Nicole von Wartburg und Claudia Wassmer, »Kaufsuchtgefährdung. Eine schriftliche Befragung in der Stadtzürcher Bevölkerung«, Lizentiat an der Philosophischen Fakultät der Universität Zürich, 1995.

10 Mirja Hubert, Marco Hubert, Wencke Gwozdz, Gerhard Raab und Lucia A. Reisch, »Compulsing buying: an increasing problem? Investigating and comparing trends in Germany and Denmark. 2010–2012«, in: *Journal of Consumer Protection and Food Safety*, 2014.

11 Denise Jeitziner, »Süchtig nach Shopping«, in: *SonntagsZeitung*, 14. Januar 2018.

12 Stefan Körzell, »Geringe Einkommen profitieren nicht vom Aufschwung«, in: *Klartext* 20/2018 (Deutscher Gewerkschaftsbund), 31. Mai 2018.

13 fao.org/food-loss-and-food-waste/flw-data (28.2.2021).

14 Michelle Jarvie, »Americans waste almost 50 percent of food produced«, Michigan State University Extension, 2014, canr.msu.edu/news/americans_waste_almost_50_percent_of_food_produced (28.2.2021).

15 Arjun Jayadev und Samuel Bowles: Guard Labor, Journal of Development Economics, 2006, vol. 79, 328-348, sfi-edu.s3.amazonaws.com/sfi-edu/production/uploads/sfi-com/dev/uploads/filer/46/7a/467a0eb5-187b-4c7f-9037-c5be670f3199/05-07-030.pdf (3.3.2021).

16 U.S. Bureau of Labor Statistics, Consumer Expenditure Survey 2016.

17 Jan De Loecker und Jan Eeckhout, »The Rise of Market Power and the Macroeconomic Implications«, NBER Working Paper No. 23687, 2017.

18 Gen-ethischer Informationsdienst, Dezember 2015, www.gen-ethisches-netzwerk.de/ (3.3.2021).

19 Gabor Doka, Kap. 8, Tabelle »Umweltbelastung«, www.doka.ch (3.3.2021).

20 Carel van Schaik und Kai Michel, *Das Tagebuch der Menschheit, Was die Bibel über unsere Evolution verrät*, Rowohlt, Reinbek bei Hamburg 2017.

21 Armuts- und Reichtumsberichterstattung der Bundesregierung, Analyse der Verteilung von Einkommen und Vermögen in Deutschland, 2015.

22 BAK Economics AG, www.verteilungsmonitor.ch; U.S. Department of Housing and Urban Development, www.hud.gov

23 Thomas Öchsner, »In den Fängen von Hartz IV«, in: *Süddeutsche Zeitung*, 22. Dezember 2017, www.sueddeutsche.de/1.3802817 (3.3.2021).

24 Die Kohlefadenlampe war die erste kommerziell erfolgreiche elektrische Glühlampe. Sie emittierte einen hohen Anteil an Infrarotstrahlung und verbrauchte damit viel Energie bei wenig Lichtausbeute.

25 John Maynard Keynes, »Wirtschaftliche Möglichkeiten für unsere Enkelkinder«, in: *The Nation & The Athenaeum*, 11. und 18. Oktober 1930, www.docplayer.org/23192661-wirtschaftliche-moeglichkeiten-fuer-unsere-enkelkinder.html (3.3.2021).

26 David Graeber, *Bullshit-Jobs. Vom wahren Sinn der Arbeit*, Klett-Cotta, Stuttgart 2018.

27 Adair Turner, »The Zero-Sum Economy«, Project Syndicate, 15. August 2018, www.project-syndicate.org/commentary/zero-sum-economy-fuels-high-inequality-by-adair-turner-2018-08 (3.3.2021).

28 www.ineteconomics.org (3.3.2021).

6 Die Institutionen des Marktes

1 Robin Dunbar (Robin Ian MacDonald Dunbar, R. I. M. Dunbar, 1947) ist ein britischer Psychologe. Er spezialisierte sich auf das Verhalten von Primaten und erklärte die Entstehung der menschlichen Sprache als kommunikatives »Kraulen« in größeren sozialen Gruppen.

2 http://lexikon.stangl.eu/12337 bzw. https://de.wikipedia.org/wiki/Dunbar-Zahl

3 Karl Paul Polanyi (1886–1964), Wirtschafts- und Sozialwissenschaftler. Polyanis Hauptthese besagt, dass die neoklassische Wirtschaftstheorie nur auf die moderne Marktwirtschaft industrialisierter Systeme anzuwenden ist.

4 Ders., *The Great Transformation. Politische und ökonomische Ursprünge von Gesellschaften und Wirtschaftssystemen*, Europaverlag, Wien 1977; erstmals erschienen im Kriegsjahr 1944. Polanyis Intention liegt darin, sich mit der Vergangenheit zu befassen, um die Gegenwart zu erklären.

5 http://de.wikipedia.org/wiki/Speenhamland-Gesetzgebung (3.3.2021).

6 Paul Bartlett Seabright (1958) ist Professor für Wirtschaftswissenschaften an der Universität Toulouse, https://paulseabright.com (3.3.2021).

7 Paul Seabright, *La société des inconnus. Histoire naturelle de la collectivité humaine*, Éditions Markus Haller, Genf 2011.

8 Ebd., Kap. 3 und 4.

9 Alan Page Fiske (1947) ist Professor für Anthropologie an der University of California, Los Angeles. Bekannt wurde er durch seine Studien der menschlichen Beziehungen und der interkulturellen Unterschiede.

10 Ders., *Structures of Social Life, The Four Elementary Forms of Human Relations*, Free Press, New York 1993.

11 Vgl. Kap. 4 in diesem Buch.

12 John P. Powelson, *Centuries of Economic Endeavor. Parallel Paths in Japan and Europe and Their Contrast with the Third World*, University of Michigan Press, Ann Arbor 1997.

13 Ebd.

14 Fernand Paul Braudel (1902–1985) war ein französischer Historiker.

15 Ders., *Sozialgeschichte des 15. bis 18. Jahrhunderts*, 3 Bde., Kindler, München 1985/86.

16 Daron Acemoğlu und James A. Robinson, *Warum Nationen scheitern. Die Ursprünge von Macht, Wohlstand und Armut*, S. Fischer, Frankfurt am Main 2013.

17 Vgl. Kap. 4 in diesem Buch.

18 Siehe etwa Heiner Flassbeck und Paul Steinhardt, *Gescheiterte Globalisierung: Ungleichheit, Geld und die Renaissance des Staates*, Suhrkamp, Berlin 2018.

19 Smart Contracts sind elektronische Verträge auf Basis der Blockchain-Technologie. Dabei wird eine vertragliche Regelung als Code programmiert, der einem Wenn-dann-Muster folgt; werden bestimmte Voraussetzungen erfüllt, tritt automatisch eine vorbestimmte Vertragsklausel in Kraft.

20 Nick Szabo, »Money, Blockchain and social scalability«, http://unenumerated.blogspot.com/2017/02/money-blockchains-and-social-scalability.html (3.3.2021).

21 Das General Agreement on Tariffs and Trade (GATT, allgemeines Zoll- und Handelsabkommen) ist ein völkerrechtlicher Vertrag für den Welthandel, der am 30. Oktober 1947 abgeschlossen und am 1. Januar 1948 in Kraft getreten ist. Die Bundesrepublik Deutschland und Österreich traten dem GATT 1951 bei, die Schweiz folgte 1966. Durch das GATT wurde der Grundstein zur Gründung der Welthandelsorganisation (WTO) im Jahr 1995 gelegt, in die das GATT bis heute eingegliedert ist.

7 Die Redimensionierung des Marktes

1 Angela Merkel, Pressekonferenz, 1. September 2011: »Wir leben ja in einer Demokratie und sind auch froh darüber. Das ist eine parlamentarische Demokratie. Deshalb ist das Budgetrecht ein Kernrecht des Parlaments. Insofern werden wir Wege finden, die parlamentarische Mitbestimmung so zu gestalten, dass sie trotzdem auch marktkonform ist, also dass sich auf den Märkten die entsprechenden Signale ergeben.« http://archiv.bundesregierung.de/archiv-de/dokumente/-848964 (3.3.2021).

2 Neva Goodwin Rockefeller (1944) ist Wirtschaftswissenschaftlerin. Und sie ist Urenkelin von John D. Rockefeller, dem Öltycoon des 19. Jahrhunderts. Neva Goodwin beschäftigt sich ausführlich mit dem Klimawandel.

Seit 2003 kämpft sie gegen ExxonMobil, da der Ölkonzern wissentlich Erderwärmung und Umweltverschmutzung in Kauf nimmt.

3 www.paecon.net/PAEReview/issue84/Goodwin84.pdf (3.3.2021).

4 http://ase.tufts.edu/gdae/ (3.3.2021).

5 www.paecon.net/ (3.3.2021).

6 Robert Bernard Reich (1946) ist Professor für öffentliche Politik an der Goldman School of Public Policy der University of California, Berkeley. Er war von 1993 bis 1997 US-Arbeitsminister unter Präsident Bill Clinton.

7 www.robertreich.org/post/113801138315 (4.3.2021).

8 Wirtschaftskammer Österreich, http://wko.at/statistik/eu/europa-leistungsbilanzsalden.pdf (4.3.2021).

9 Norbert Schwarz und Florian Schwahn, »Entwicklung der unbezahlten Arbeit privater Haushalte, Statistisches Bundesamt«, WISTA, 2016, www.destatis.de/DE/Methoden/WISTA-Wirtschaft-und-Statistik/2016/02/unbezahlte-arbeit-022016.pdf?__blob=publicationFile&v=3 (4.3.2021).

10 »Analyse des Marktes in Deutschland. Eine Untersuchung im Auftrag des Bundesverbandes Paket und Expresslogistik e. V.«, KEP-Studie 2018, Berlin, www.biek.de/download.html?getfile=1928 (4.3.2021).

11 *Hannoversche Allgemeine*, 28. Januar 2018, www.haz.de/Umland/Garbsen/Nachrichten/Bau-eines-Logistikzentrums-Amazon-will-mehr-als-700-Arbeitsplaetze-in-Garbsen-schaffen (4.3.2021).

12 www.watson.ch/digital/amazon/486022554-ex-amazon-mitarbeiter-erzaehlen-wie-es-wirklich-ist-unter-jeff-bezos-zu-arbeiten (4.3.2021).

13 »Psychische Erkrankungen und Krankengeldmanagement«, BPtK-Studie zur Arbeitsunfähigkeit, 2015; BPtK ist die Bundes-Psychotherapeuten-Kammer.

14 »Deutsche Rentenversicherung-Statistik zum Rentenzugang«, in: *BPtK-Studie zur Arbeits- und Erwerbsunfähigkeit*, 2013.

15 Dani Rodrik (1957) stammt aus der Türkei. Als Ökonom und Professor an der Harvard University beschäftigt er sich vor allem mit Mechanismen der Wirtschaftspolitik, www.drodrik.scholar.harvard.edu/ (4.3.2021).

16 Ders., »Globalisation. New Deal On Labour Mobility«, Social Europe Publishing and Consulting, 2018, https://www.socialeurope.eu/globalisation-new-deal-on-labour-mobility (4.3.2021).

17 Statista GmbH, Hamburg, http://de.statista.com (4.3.2021).

18 Bundesamt für Arbeit, Statistik, http://statistik.arbeitsagentur.de/Navigation/Statistik/Statistik-nach-Themen/Beschaeftigung/Beschaeftigung-Nav.html (4.3.2021).

19 www.grundeinkommen.ch (4.3.2021).

20 »Wirtschaftsrechnungen: Einkommens- und Verbrauchsstichprobe, Konsumausgaben privater Haushalte«, Statistisches Bundesamt Deutschlands, Fachserie 15, Heft 5, erschienen am 29.5.2020.

21 Statistisches Bundesamt Deutschlands; Statistik der Haushaltsausgaben für die Schweiz, BfS; Consumer Expenditure Survey, Bureau for Labour Statistic, USA.

8 Der Schlüssel liegt in der Nachbarschaft

1 Die Zahlen sind von 2019 und stammen vom Schweizer Bundesamt für Statistik (BFS), https://www.bfs.admin.ch/bfs/de/home/statistiken/mobilitaet-verkehr/personenverkehr/pendlermobilitaet.html (4.3.2021).

2 So die Fehlzeitenanalyse des Wissenschaftlichen Instituts der Gesundheitskasse AOK (WIdO), Berlin, https://www.aok.de/fk/betriebliche-gesundheit/grundlagen/fehlzeiten/ueberblick-fehlzeiten/ (4.3.2021).

3 Die Fehlerquote der Berechnungen nach PBA'06 liegt bei +/- 30 Prozent und ist vergleichbar mit der von anderen Bewertungsmethoden. Bei solchen Vergleichen ist allerdings zu berücksichtigen, dass andere Methoden meist nur einen Aspekt wie den Ressourcenverbrauch oder die Emissionen betrachten.

4 www.soziokratiezentrum.org bzw. de.wikipedia.org/wiki/Soziokratie (4.3.2021).

5 Vgl. www.sk-prinzip.eu (4.3.2021).

6 SUSI steht für selbstverwaltete, unabhängige Siedlungsinitiative, www.susi-projekt.de (4.3.2021)

7 Elinor Ostrom, *Was mehr wird, wenn wir teilen*, Oekom Verlag, München 2011.

8 Schweizer Bundesamt für Statistik, Statistik der Bevölkerung und Haushalte, STATPOP 2019, https://www.bfs.admin.ch/bfs/de/home/statistiken/bevoelkerung/stand-entwicklung/haushalte.html (4.3.2021).

9 Gelebte Bedarfsökonomie

1 Fertilitätsraten gemäß den Daten der Vereinten Nationen UNO, 2010–2015.

2 »Zeitverwendung in Deutschland 2012/2012«, Studie des Bundesamts für Statistik und des Familienministeriums.

3 Bundesamt für Statistik, »Unbezahlte Arbeit«, 2016.

4 Die Zahlen für den Standardfall haben wir für diese und die folgende Tabelle schon genannten Statistiken entnommen. Bei den Zahlen für die Nachbarschaft stützen wir uns auf empirisches Wissen und auf die Kostenrechnung einer nachbarschaftlich organisierten Siedlung in Zürich, das Projekt »koch mit« der Baugenossenschaften NeNa1 und BG Zurlinden.

5 U.a. Flächenberechnungen Koch Areal Zürich, Homegate und Bundesamt für Statistik.

6 Erfahrungswert der Kooperationsstelle für solidarische Landwirtschaft in Zürich, www.solawi.ch (4.3.2021)

7 Sieben Tage die Woche muss eine Ansprechperson anwesend sein.

8 Julianne Holt-Lunstad, Timothy B. Smith und J. Bradley Layton, »Social Relationships and Mortality Risk. A Meta-analytic Review«, 2010, www.doi.org/10.1371/journal.pmed.1000316 (4.3.2021).

9 Lifestyle Medicine Institute, CHIP-Health, www.chiphealth.com (4.3.2021)

10 Die Emissionswerte von CO_2-Äquivalenten in diesem Abschnitt stammen aus der Studie von Niels Jungbluth et al., »Umweltbelastungen des privaten Konsums und Reduktionspotenziale«, ESU-services GmbH, 2012.

11 Bundesamt für Statistik, Mikrozensus Verkehr, www.bfs.admin.ch/bfs/de/home/statistiken/mobilitaet-verkehr/personenverkehr/verkehrsverhalten.html (4.3.2021).

12 Die Angaben in diesem Abschnitt entstammen dem Buch von Hans Widmer u. a., *Die Andere Stadt*, Paranoia City Verlag, Zürich 2017.

13 OECD Quarterly International Trade Statistics, Import Content of Exports; Seco, Statistik Bruttoinlandsprodukt nach Verwendung.

14 John Maynard Keynes, »Wirtschaftliche Möglichkeiten für unsere Enkelkinder«, zwei Folgen, in: *The Nation and the Athenaeum*, 11. und 18. Oktober 1930, https://kritisches-netzwerk.de/sites/default/files/John_Maynard_Keynes_Wirtschaftliche_Moeglichkeiten_fuer_unsere_Enkelkinder_1928.pdf (1.4.2021).

Literatur

Acemoğlu, Daron, und James A. Robinson, *Warum Nationen scheitern. Die Ursprünge von Macht, Wohlstand und Armut*, S. Fischer, Frankfurt am Main 2013

Anderson, Elizabeth, *Private Regierung. Wie Arbeitgeber über unser Leben herrschen (und warum wir nicht darüber reden)*, Suhrkamp, Berlin 2019

Baugenossenschaften NeNa1 und BG Zurlinden, »Koch mit«, www.nena1.ch

Braudel, Fernand, *Sozialgeschichte des 15. bis 18. Jahrhunderts*, 3 Bde., Kindler, München 1985/86

De Loecker, Jan, und Jan Eeckhout, »The Rise of Market Power and the Macroeconomic Implications«, NBER-Arbeitspapier, Nr. 23687, 2017

Fehr, Ernst, und Simon Gächter, »Cooperation and Punishment in Public Goods Experiments. Institute for Empirical Research in Economics Working«, Papier Nr. 10, 2000

Fiske, Alan Page, »The Four Elementary Forms of Sociality. Framework for a Unified Theory of Social Relations«, *Psychological Review* 1992, Bd. 99, Nr. 4, S. 689–723

Ders., *Structures of Social Life, The Four Elementary Forms of Human Relations*, Free Press, New York 1993

Graeber, David, *Schulden. Die ersten 5000 Jahre*, Klett-Cotta, Stuttgart 2012

Ders., *Bullshit-Jobs. Vom wahren Sinn der Arbeit*, Klett-Cotta, Stuttgart 2018

Hubert, Mirja, Marco Hubert, Wencke Gwozdz, Gerhard Raab und Lucia A. Reisch, »Compulsing buying – an increasing problem? Investigating and comparing trends in Germany and Denmark, 2010–2012«, *Journal of Consumer Protection and Food Safety*, 2014

Jarvie, Michelle, *Americans waste almost 50 percent of food produced*, Michigan State University, Pichford 2014

Jayadev, Arjun, und Samuel Bowles, »Guard Labor«, *Journal of Development Economics*, 2006, Bd. 79, S. 328–348

Körzell, Stefan, »Geringe Einkommen profitieren nicht vom Aufschwung«, *Klartext* (Deutscher Gewerkschaftsbund), 20/2018

Largo, Remo H., *Das passende Leben. Was unsere Individualität ausmacht und wie wir sie leben können*, S. Fischer, Frankfurt am Main 2017

Layte, Richard, und Christopher T. Whelan, »Who feels inferior?«, *European Sociological Review*, 2014

Maag, Verena, *Kaufsucht in der Schweiz. Verbreitung, Ursachen und Konsequenzen*, Verlag Rüegger, Zürich/Chur 2018

Maddison, Angus, *Dynamic Forces in Capitalist Development. A Long-Run Comparative View*, Oxford University Press, Oxford 1991

Marx, Karl, *Das Kapital*, 3 Bde., *Marx-Engels-Gesamtausgabe*, Dietz/Akademie, Berlin 1976 ff.

Neustart Schweiz, *Nach Hause kommen. Nachbarschaften als Commons*, Edition Volles Haus, [Baden] 2016

Ostrom, Elinor, *Was mehr wird, wenn wir teilen*, Oekom Verlag, München 2011

Pickett, Kate, und Richard Wilkinson, *The Inner Level. How More Equal Societies Reduce Stress, Restore Sanity and Improve Everyone's Well-being*, Penguin Press, New York 2018

Powelson, John P., *Centuries of Economic Endeavor. Parallel Paths in Japan and Europe and Their Contrast with the Third World*, University of Michigan Press, Ann Arbor 1997

Reckwitz, Andreas, *Die Gesellschaft der Singularitäten. Zum Strukturwandel der Moderne*, Suhrkamp, Berlin 2017

Rodrik, Dani, »Globalisation. New Deal On Labour Mobility«, Social Europe Publishing and Consulting, 26.4.2018 online

Schwarz, Norbert, und Florian Schwahn, »Entwicklung der unbezahlten Arbeit privater Haushalte«, Statistisches Bundesamt, Wiesbaden 2016

Seabright, Paul, *La société des inconnus. Histoire naturelle de la collectivité humaine*, Éditions Markus Haller, Genf 2011

Smith, Adam, *Der Wohlstand der Nationen. Eine Untersuchung seiner Natur und seiner Ursachen*, C.H.Beck, München 1974

Wartburg, Nicole von, und Claudia Wassmer, »Kaufsuchtgefährdung. Eine schriftliche Befragung in der Stadtzürcher Bevölkerung«, Lizentiat, Philosophische Fakultät der Universität Zürich, 1995

Widmer, Hans E., et al., *Die Andere Stadt*, Paranoia City Verlag, Zürich 2017

Personenregister

Die Autoren

Fred Frohofer, geboren 1963, lebt in Zürich. Als Vorstandsmitglied des Vereins Neustart Schweiz sowie der Bau- und Wohngenossenschaft NeNa1 setzt sich Fred Frohofer mit dem Nachbarschaftsmodell auseinander. Er arbeitet nach einer technischen Lehre und diversen Weiterbildungen unter anderem als Journalist.

Werner Vontobel, geboren 1946, ist Wirtschaftswissenschaftler und arbeitet als Journalist und Publizist. Er setzt sich mit Grundsatzfragen auseinander und hat schon mehrere Bücher veröffentlicht, die Widersprüche und Irrtümer von Marktökonomie und Neoliberalismus aufdecken und hinterfragen.